该书是在国家社科基金项目"企业参与职业教育的行为差异化内在机理分析"（编号14BGL209）和教育部哲学社会科学项目"技能内生视角下职业教育校企合作机制研究"（编号10YJC880091）成果的基础上形成的。

企业参与职业教育的职业教育的内在机理研究

潘海生◎著

中国社会科学出版社

图书在版编目（CIP）数据

企业参与职业教育的内在机理研究／潘海生著 . —北京：中国社会科学出版社，
2018. 3

ISBN 978 - 7 - 5203 - 2223 - 2

I. ①企… Ⅱ. ①潘… Ⅲ. ①职业教育—产学合作—研究—中国 Ⅳ. ①G719. 2

中国版本图书馆 CIP 数据核字（2018）第 052806 号

出 版 人 赵剑英
责任编辑 张 林
特约编辑 王家明
责任校对 周晓东
责任印制 戴 宽

出 版 中国社会科学出版社
社 址 北京鼓楼西大街甲 158 号
邮 编 100720
网 址 http://www.csspw.cn
发 行 部 010 - 84083685
门 市 部 010 - 84029450
经 销 新华书店及其他书店

印 刷 北京明恒达印务有限公司
装 订 廊坊市广阳区广增装订厂
版 次 2018 年 3 月第 1 版
印 次 2018 年 3 月第 1 次印刷

开 本 710×1000 1/16
印 张 14.75
插 页 2
字 数 229 千字
定 价 68.00 元

前　　言

从世界各国范围看，企业的有效参与是技能人才培养质量的重要保障。在我国，从洋务运动的"工学并举"到新中国的"半工半读"，再到改革开放后的"校企合作"，企业始终是技能人力资本体系中的重要主体。但从现状看，我国企业参与技能培训的积极性和程度还存在很大的不足，其中很多原因在于我国企业参与职业教育表现出显著的个体化差异，客观地降低了相关政策有效性，在一定程度上，导致企业参与职业教育动力整体性不足，制约了我国职业教育质量的有效提升。因此，本书整合技能偏好型技术进步和企业培训的研究成果，突破将企业作为一个同质的整体的局限，关注企业参与职业教育行为的差异性，在技术进步与企业技能需求间的内在联系的基础上，揭示企业参与职业教育的内在动因及其差异性内在机理，对于丰富职业教育校企合作理论和职业教育校企合作政策有效性的提升具有重要的意义。

本书主要包括以下内容：

第一，企业参与职业教育现状及差异化行为识别实证分析。研究以机械行业为调查对象，以《企业参与职业教育行为量表》和《企业参与职业教育的动机偏好量表》为测量工具，对企业参与职业教育的整体水平、不同企业主体的参与水平及其影响因素进行了分析。结果显示，当前我国企业参与职业的整体水平较低，不同的企业参与职业教育行为有着明显的差异。

第二，技能内生性视角下企业参与职业教育的内在机制模型。研究在分析技术进步与技能之间的关系的基础上，运用二阶段最小二乘法（2SLS）对中国的技能偏好性技术进步进行了验证。在此基础上，基于技能内生性的视角，在不完全竞争市场条件下，基于贝克尔完全竞争条件下的企业培训理论改进的模型，构建了"技术进步—技能提升—边际生产效率提升—工资挤压效应"的企业参与职业教育的动力传导机制，考虑企业的规模、区域、类型和行业属性等差异因素对企业技能培训的承载能力和风险选择的影响，从理论上阐释了基于技术进步的企业参与职业教育的动机偏好变迁机制和企业参与职业教育的行为差异化的内在机理。

第三，基于 Ordered Probit 模型的企业参与职业教育行为差异化影响因素分析。研究实证结果表明：在整体水平上，企业参与职业教育的差异化行为受到企业的个性特征、企业的技术倾向、企业的人才发展战略、政府的责任多方面因素的影响，其中企业的个性特征即企业的属性和企业的规模决定着企业参与职业教育校企合作的行为和具体的合作模式。而在个体层面上，不同类型、不同属性和不同规模的企业参与职业教育差异化行为影响因素不同。

第四，基于多层次回归模型的企业参与职业教育的动机偏好实证分析。研究运用多层次回归模型，对我国企业参与职业教育的动机偏好及其交互作用进行了分析。结果表明：企业在参与职业教育的过程中既表现出一定的成本偏好性，也表现出对于技术偏好的动机。而在工资挤压效应的作用下，企业参与职业教育的技术偏好会对成本偏好具有一定的调节作用，即随着企业技术倾向性的增强，会降低企业对成本的敏感程度，从而降低企业参与职业教育行为中的成本偏好。而政府政策作为一个外生变量会对企业参与职业教育的技术偏好和成本偏好产生调节作用。政府政策对企业参与职业教育的技术偏好产生正向影响，对企业参与职业教育的成本偏好产生负向调节。

第五，基于 Target-MOTAD 模型的企业参与职业教育的最优行为决策模型。研究在企业参与职业教育的内在机理及不同类型企业影响因素的基础上，运用 Target-MOTAD 模型对企业参与职业教育的最优行为决策进行了分析。结果表明：在面对外部市场环境变化或技术进步造成的风险程度增大时，企业为获取最大收益往往会不断减少成本偏好投资行为而增大技术偏好投资行为。这表明，在普遍意义上，企业面对技术进步选择参与职业教育的行为方式有向注重技术技能提高方面转变的趋势。但目前其倾向选择的技术偏好的行为偏向于投入成本低、获利快的技术偏好性行为。因此，虽然在企业进行参与职业教育的最优决策时，具有明显的技术偏好的特征，但成本—收益问题仍是企业参与职业教育时的一个重要考量因素。

第六，企业参与职业教育的政策效度与政策体系构建研究。研究在对我国不同类型企业参与职业教育的动机偏好类型分析的基础上，对企业参与职业教育政策效度进行了测量，结果表明：国有企业、合资企业、资本密集型企业、技术密集型企业以及大型企业均属于技术偏好型企业，而私营企业与劳动密集型企业、中小型企业同属于成本偏好型企业。从政策的实施效果上看，现有政策对于民营企业、劳动密集型企业以及中小型企业这类对于成本偏好型的企业参与职业教育行为的效果明显，而对合资企业、国有企业、技术密集型企业和大型企业等技术偏好型的企业参与职业教育的作用较弱。这表明，我国企业参与职业教育的政策具有明显的成本偏好的特征。在此基础上，研究提出了促进企业参与职业教育的政策体系：加强宏观统筹，促进技术进步的技能偏好性发展；加强行业组织机制建设，建立以行业标准引领的技能需求与技能供给有效对接的机制；加强组织建设，完善企业参与职业教育的渠道，不断增强企业在职业教育中的话语权；建立企业参与职业教育的支撑保障制度体系，引导技术偏好性企业有效参与职业教育；尊重企业参与职业教育的内在差异性，构建差别性的政策体系。

本书得到了国家社会科学基金项目"企业参与职业教育行为差异化内在机理研究"（项目编号14BGL209）和教育部人文社会科学青年项目"技能内生性视角下的职业教育校企合作机制研究"（项目编号10YJC880091）的支持。

本书得到了教育部职业教育与成人教育司、中国职业技术教育学会、中国职业技术教育学会校企合作工作委员会、全国机械行业协会企业管理研究会、天津大学等部门指导和帮助，刘占山、马树超、龙德毅等专家给予本书悉心的指导，本书的许多观点离不开他们的真知灼见。

本书是团队研究的结晶，本人十分欣赏和感谢本研究团队对该研究成果的贡献。周志刚教授和王世斌教授为本书的理论研究框架的设计和完善提供了宝贵建议，董伟博士、何清博士为研究数据分析与挖掘提供了技术支持。我的硕士研究生冉桃桃、马晓恒、谢布和、王宁、曹星星、张梦云、田云云、张蒙为本书的数据收集、整理和处理做了不少工作。

由于本人理论水平有限，书中仍有不少的不足，敬请批评指正。

潘海生

2017 年 11 月 29 日于天津大学北洋园

目　录

第一章　绪论 ……………………………………………… (1)

第一节　研究背景 ………………………………………… (1)

一　加强校企合作、加快高技能人才培养成为
新时期经济转型的关键 ……………………………… (1)

二　加强校企合作、创新职业教育办学模式成为
国家意志 ……………………………………………… (3)

三　加强校企合作，成为市场经济体制下企业
发展的内生需求 ……………………………………… (5)

四　日益差异的企业参与职业教育行为，对校企
合作政策提出了更高的要求 ………………………… (5)

第二节　研究意义与价值 ………………………………… (7)

一　理论意义 …………………………………………… (7)

二　实践意义 …………………………………………… (8)

第三节　概念界定 ………………………………………… (9)

第四节　文献综述 ………………………………………… (9)

一　国外相关研究 ……………………………………… (9)

二　国内相关研究 ……………………………………… (13)

第五节　研究思路与研究方法 …………………………… (25)

一　主要研究内容 ……………………………………… (25)

二 研究思路与方法 …………………………………… (26)

第二章 企业参与职业教育的现状及行为差异化分析 ……… (29)
 第一节 调查问卷的设计与样本数据采集 ……………… (29)
  一 调查问卷的设计 ……………………………… (29)
  二 样本数据的采集与基本统计分析 …………… (30)
 第二节 企业参与职业教育的基本现状分析 …………… (32)
  一 企业的经费分配及人才结构还需调整 ……… (32)
  二 企业对职业院校的依赖度有待提高 ………… (34)
  三 企业对职业院校的支持力度欠缺 …………… (37)
  四 校企合作的形式虽多样,但深度有待提升 ……… (39)
 第三节 企业参与职业教育的行为差异化分析 ……… (45)
  一 相关投入变量(a) …………………………… (46)
  二 合作方式(b) ………………………………… (46)
 第四节 企业参与职业教育行为的总体特征 ………… (69)
  一 企业参与校企合作的理念已经得到广泛
   认同,但水平不高 …………………………… (69)
  二 企业参与职业教育的行为具有明显的差异性 ……… (70)

第三章 技能偏好性技术进步与技能内生性分析 ………… (73)
 第一节 技能偏好性技术进步分析 …………………… (73)
  一 技术进步理论概述 …………………………… (73)
  二 技能偏好性技术进步分析 …………………… (74)
 第二节 技能内生性实证模型的建立 ………………… (78)
  一 实证模型与方法的选择——联立方程及二阶段
   最小二乘法(2SLS)简介 …………………… (78)

　　二　联立方程的建立 …………………………………… (82)

　　三　实证数据的获取 …………………………………… (83)

　第三节　技能内生性的实证检验分析 ………………………… (84)

　　一　平稳性检验 ………………………………………… (84)

　　二　协整检验 …………………………………………… (85)

　　三　格兰杰因果检验 …………………………………… (86)

　　四　联立方程模型的估计 ……………………………… (86)

第四章　技能内生性下的企业参与职业教育的

　　　　内在机制分析 ……………………………………… (90)

　第一节　不完全市场条件下的企业培训模型分析 ………… (90)

　　一　完全竞争市场条件下的企业培训动机一般模型 …… (90)

　　二　不完全竞争市场下的企业培训模型 ………………… (92)

　第二节　工资挤压效应下的企业培训策略及其

　　　　　变迁机理分析 ………………………………… (94)

　　一　工资挤压效应下的企业培训策略分析 …………… (95)

　　二　企业培训策略的变迁机理分析 …………………… (96)

　　三　企业参与职业教育的机理分析 …………………… (101)

第五章　企业参与职业教育差异化行为的影响因素

　　　　实证分析 ……………………………………………… (106)

　第一节　企业参与职业教育行为差异化的影响

　　　　　因素的假设 ……………………………………… (106)

　第二节　模型选取与变量的描述性统计分析 …………… (108)

　　一　模型的选取 ………………………………………… (108)

　　二　因变量选取 ………………………………………… (109)

三　自变量的选取 ……………………………………（110）

四　变量的描述性统计分析 …………………………（112）

第三节　企业参与职业教育差异化行为的影响因素

实证分析 ……………………………………（114）

第四节　不同企业参与职业教育差异化行为的影响

因素实证分析 ………………………………（118）

一　不同类型企业参与职业教育差异化行为的影响

因素实证分析 ……………………………（119）

二　不同属性的企业参与职业教育差异化行为的影响

因素实证分析 ……………………………（126）

三　不同规模的企业参与职业教育行为的影响因素

实证分析 …………………………………（130）

第五节　企业参与职业教育差异化行为的影响因素的

总结分析 ……………………………………（134）

第六章　我国企业参与职业教育的动机偏好实证分析 ………（139）

第一节　我国企业参与职业教育的动机偏好的假设

设立 …………………………………………（139）

第二节　我国企业参与职业教育的动机偏好模型的

构建 …………………………………………（140）

一　模型的选择 ………………………………（140）

二　变量的选取与说明 ………………………（142）

三　样本的信效度分析 ………………………（143）

第三节　调查结果分析 …………………………………（145）

一　企业参与职业教育的动机偏好分析 ………（146）

二　政府政策对企业参与职业教育动机偏好的

影响分析 …………………………………（148）

第七章　风险状态下企业参与职业教育的最优行为

　　决策分析……………………………………………………（152）

第一节　模型构建……………………………………………………（152）

　　一　Target-MOTAD 改进模型方法概述 ………………………（152）

　　二　企业参与职业教育过程中的风险分析……………………（153）

　　三　Target-MOTAD 模型的建立及参数说明 …………………（154）

第二节　基于 Target-MOTAD 模型的企业参与职业

　　教育最优决策分析………………………………………………（157）

　　一　不同规模企业参与职业教育行为决策的比较

　　　　及分析………………………………………………………（157）

　　二　不同生产要素企业参与职业教育行为决策的

　　　　比较及分析…………………………………………………（164）

　　三　不同生产要素的企业参与职业教育行为决策的

　　　　比较及分析…………………………………………………（170）

第三节　相同目标收益下整体企业参与职业教育的

　　行为决策分析……………………………………………………（177）

第八章　促进企业有效参与职业教育政策建议………………（182）

第一节　我国企业参与职业教育的政策效度分析…………………（183）

　　一　企业参与职业教育的偏好差异化分析……………………（183）

　　二　政府政策对企业参与职业教育的政策效度分析…………（184）

第二节　促进我国企业深度参与职业教育的政策建议……………（185）

　　一　加强统筹，促进技术进步的技能偏好性发展 ……………（185）

　　二　加强行业组织机制建设，建立以行业标准引领的

　　　　技能需求与技能供给有效对接的机制……………………（187）

　　三　加强组织建设，完善企业参与职业教育的渠道，

　　　　不断增强企业在职业教育中的话语权……………………（189）

四　建立企业参与职业教育的支撑保障制度体系,
　　引导技术偏好型企业有效参与职业教育⋯⋯⋯⋯（193）

五　尊重企业参与职业教育的内在差异性,构建差
　　别性的政策体系⋯⋯⋯⋯⋯⋯⋯⋯⋯⋯⋯⋯（194）

附录　企业技能型人才满意度调查问卷⋯⋯⋯⋯（197）

参考文献⋯⋯⋯⋯⋯⋯⋯⋯⋯⋯⋯⋯⋯⋯⋯⋯（204）

图目录

图 1—1 课题研究基本思路和技术路线 …………………… （27）

图 1—2 课题研究方法示意 ……………………………… （28）

图 2—1 样本企业的性质构成 …………………………… （31）

图 2—2 样本企业的属性构成分析 ……………………… （31）

图 2—3 样本企业的规模构成分析 ……………………… （32）

图 2—4 职工教育经费占工资总额的比重 ……………… （33）

图 2—5 企业研发经费占营业收入的比重 ……………… （33）

图 2—6 企业高素质技能人才占比 ……………………… （34）

图 2—7 企业新进员工来自本地毕业生的比例 ………… （35）

图 2—8 企业新进员工所从事的岗位与其专业对口率 … （35）

图 2—9 企业的培训机构每年培训的员工人次 ………… （36）

图 2—10 企业依托职业院校每年培训的员工人次 ………… （36）

图 2—11 企业每年选派技术人员到职业院校进行指导
的人数 ………………………………………… （37）

图 2—12 企业接受职业院校的老师到企业实践的人数 …… （37）

图 2—13 企业每年接受职业院校学生实习的人数 ………… （38）

图 2—14 企业每年为职业院校的学生提供的实习工位数 … （38）

图 2—15 企业向职业院校投入的经费 …………………… （39）

图 2—16 企业对近 3 年聘用的职业院校的学生表现

的评价 ……………………………………………… （41）

图 2—17 企业期望的知识与职业院校学生的知识之间
的差异 ……………………………………… （43）

图 2—18 企业期望的能力与职业院校学生的能力之间
的差异 ……………………………………… （44）

图 2—19 企业期望的素质与职业院校学生的素质之间
的差异 ……………………………………… （45）

图 2—20 不同类型企业对职业教育相关投入的比较 ……… （47）

图 2—21 不同类型的企业对职业教育经费投入的比较 …… （48）

图 2—22 不同类型的企业与职业学校合作方式的综合
比较 ………………………………………… （51）

图 2—23 不同类型的企业与职业学校合作方式的比较 …… （52）

图 2—24 各类型企业参与职业学校实习实训的总体情况 … （52）

图 2—25 各类型企业在实习实训方面合作情况的比较 …… （53）

图 2—26 各类型企业在与职业学校在人才培养方面合作
的总体情况 ………………………………… （54）

图 2—27 各类型企业在与职业学校在人才培养方面合作
的比较 ……………………………………… （54）

图 2—28 各类型企业在与职业学校建立合作机制与模式
的总体情况 ………………………………… （55）

图 2—29 各类型企业在与职业学校建立合作机制与模式
的比较 ……………………………………… （55）

图 2—30 不同属性的企业对职业教育相关投入的总体
情况 ………………………………………… （56）

图 2—31 不同属性的企业对职业教育经费投入的比较 …… （57）

图 2—32 不同属性的企业与职业学校合作的总体情况 …… （60）

图 2—33 不同属性的企业与职业学校合作的比较 ………… （60）

图2—34 不同属性的企业在与职业学校实习实训方面
合作的比较 ……………………………………（61）

图2—35 不同属性的企业在与职业学校在人才培养
方面合作的比较 ………………………………（62）

图2—36 不同属性的企业在与职业学校建立合作机制
与模式的比较 …………………………………（62）

图2—37 不同规模的企业对职业教育相关投入的总体
情况 ……………………………………………（63）

图2—38 不同规模的企业对职业教育经费投入的比较 ……（64）

图2—39 不同规模的企业与职业学校合作的总体情况 ……（67）

图2—40 不同规模的企业与职业学校合作方式的比较 ……（67）

图2—41 不同规模的企业与职业学校在实习实训方面
合作的比较 ……………………………………（68）

图2—42 不同规模的企业在与职业学校人才培养方面
合作情况的比较 ………………………………（68）

图2—43 不同规模的企业与职业学校建立合作机制与
模式的比较 ……………………………………（69）

图4—1 完全竞争市场条件下的企业培训模型 …………（92）

图4—2 非完全竞争市场条件下的企业培训模型 …………（93）

图4—3 技能偏好型技术进步视角下企业参与职业教育
的机理分析 ……………………………………（104）

图6—1 企业参与职业教育的动机偏好与政府政策作用
机制分析 ………………………………………（151）

表目录

表 1—1　中国和日本部分行业人员素质比较 ……………… （3）

表 1—2　中国与发达国家具有职业资格认证的技工

　　　　分布比较 ………………………………………… （3）

表 2—1　企业参与职业教育的形式 ……………………… （40）

表 2—2　不同类型的企业的基本情况的比较 …………… （48）

表 2—3　不同类型的企业对职业教育培训的投入比较 …… （49）

表 2—4　不同类型的企业对职业教育实习实践的相关

　　　　投入比较 ………………………………………… （50）

表 2—5　不同属性的企业的基本情况 …………………… （57）

表 2—6　不同属性的企业对职业教育培训投入的比较 …… （58）

表 2—7　不同属性的企业对职业教育实习实践投入的

　　　　比较 ……………………………………………… （59）

表 2—8　不同规模企业的基本情况 ……………………… （64）

表 2—9　不同规模的企业参与职业教育培训的比较 ……… （65）

表 2—10　不同规模的企业对职业教育实习实践投入

　　　　的比较 …………………………………………… （66）

表 3—1　变量定义 ………………………………………… （83）

表 3—2　变量稳定性的实证检验结果 …………………… （84）

表 3—3　（SKILL）和技术创新（TECHNOLOGY）协整性

检验结果 ···································· (85)

表3—4 技能（SKILL）和技术创新（TECHNOLOGY）

格兰杰因果检验结果 ···················· (86)

表3—5 高技能人才回归结果 ···················· (86)

表3—6 技术创新回归结果 ······················ (87)

表3—7 企业绩效回归结果 ······················ (88)

表5—1 自变量的说明 ·························· (111)

表5—2 变量的描述性统计 ······················ (113)

表5—3 Ordered Probit 模型统计结果（总） ········ (115)

表5—4 国有企业 Ordered Probit 模型分析结果 ········ (120)

表5—5 合资企业 Ordered Probit 模型分析结果 ········ (122)

表5—6 民营企业 Ordered Probit 模型分析结果 ········ (125)

表5—7 劳动密集型企业 Ordered Probit 模型分析结果 ······ (127)

表5—8 技术密集型企业 Ordered Probit 模型分析结果 ······ (129)

表5—9 大型企业 Ordered Probit 模型分析结果 ········ (130)

表5—10 中小型企业 Ordered Probit 模型分析结果 ········ (134)

表6—1 量表效度分析 ·························· (143)

表6—2 自变量降维处理结果（主成分提取） ········ (144)

表6—3 量表信度分析 ·························· (145)

表6—4 企业的动机偏好回归分析结果 ············ (146)

表6—5 政府政策的调节作用回归分析结果 ········ (150)

表7—1 2016 年各类型企业员工平均工资 ·········· (156)

表7—2 大型企业参与职业教育各项行为投入的成本

及收益情况 ·························· (158)

表7—3 中小型企业参与职业教育各项行为投入的成本

及收益情况 ·························· (158)

表7—4 不同风险状态下大型企业的最优行为决策

组合（T = 32. 32） …………………………………（159）

表 7—5　不同风险状态下中小型企业的最优行为决策
组合（T = 31. 28） …………………………………（161）

表 7—6　技术密集型企业参与职业教育各项行为投入的
成本及收益情况 …………………………………（164）

表 7—7　劳动密集型企业参与职业教育各项行为投入的
成本及收益情况 …………………………………（165）

表 7—8　不同风险状态下技术密集型企业的最优行为决策
组合（T = 32. 80） …………………………………（166）

表 7—9　不同风险状态下劳动密集型企业的最优行为决策
组合（T = 32. 24） …………………………………（168）

表 7—10　国有企业参与职业教育各项行为投入的成本
及收益情况 …………………………………（170）

表 7—11　私营企业参与职业教育各项行为投入的成本
及收益情况 …………………………………（171）

表 7—12　不同风险状态下国有企业的最优行为决策
组合（T = 32. 37） …………………………………（172）

表 7—13　不同风险状态下私营企业的最优行为决策
组合（T = 32. 80） …………………………………（174）

表 7—14　企业整体水平各项参与行为投入的成本及
收益情况 …………………………………（177）

表 7—15　不同风险状态下企业总体参与职业教育的行为
决策组合（T = 32. 48） …………………………………（178）

表 7—16　各类型企业参与职业教育的最优行为决策 ………（181）

表 8—1　各类企业参与职业教育动机差异性 …………（183）

表 8—2　政策导向对各类企业作用回归分析结果 …………（185）

第一章

绪 论

第一节 研究背景

从世界各国的技能培训体系的形成看，无论是德国的双元制、英国的现代学徒制，还是日本的企业大学都是伴随着技术进步与产业调整逐步形成的，企业在其中扮演着重要的角色。从我国职业教育的发展历程看，自洋务运动的"工学并举"，到新中国成立初期的"两种教育制度、两种劳动制度"指导下的"半工半读"，到改革开放以后的"产教融合、校企合作、工学结合"，无论经济社会背景如何变化，企业始终是职业教育办学的重要主体。

一 加强校企合作、加快高技能人才培养成为新时期经济转型的关键

作为一个独立的教育类别，职业教育有其自身固有的体系、规律和特色。伴随着各国经济社会的发展，职业教育在促进经济发展和解决就业等方面所发挥的作用得到了广泛的认同。1994 年欧盟委员会在发表的《增长、竞争力和就业》白皮书以及 2010 年 OECD（世界经济联合组织）的相关研究报告中均指出，职业教育是当前推动社会变革的催化剂，其在促进经济增长、技术进步和减少失业方面发挥着重要作用。职业教育是我国教育的重要组成部分，发展职业教育是实现"民富国强"发展战略的重要选择。

当前，我国正处在加快转变经济增长方式、大力推进新型工业化的进程中，科技进步和提高劳动者素质所起的作用越来越重要。据《中国经济周刊》报道，我国在500种主要工业产品中，有281种生产规模居世界第一，但工业产品的附加值不高、品种不多、质量不高，工人人均劳动生产率远远落后于发达国家，仅为美国和日本的1/23、德国的1/18。伴随着"中国制造"向"中国创造"的转变，产业结构升级和劳动生产率的提高，中国的众多企业既需要拔尖创新的领军人才，也需要成千上万工作在一线的高素质劳动者和技能型人才，为企业发展提供雄厚的人力资源支持。[①]

但当前我国技能型人才现状还远远不能满足当前经济社会的需要。首先，我国技能人才短缺现象十分突出。以汽车行业为例，据有关部门统计，2010年汽车产业需求人数达到360万，2015年将超过500万，而仅汽修人才需求量的缺口就达到80万。[②]

其次，我国技能型人才整体素质与国外发展国家相比落后明显。如表1—1所示，日本农林牧渔业从业人员中大专及以上人员比例是中国的58倍，建筑业是中国的5倍，制造业是中国的4.86倍，社会服务业是中国的6倍。[③]

---

① 鲁昕：《大力加强职业教育深化职业教育人才培养模式的改革创新——在教育部校企合作签约仪式上的讲话》，2011年2月18日，http://wenku.baidu.com/view/d01518c458f5f61fb6366606.html。

② 同上。

③ 教育部发展规划司：《国家教育事业发展"十一五"规划纲要重点课题研究报告选编》，人民教育出版社2007年版。

表1—1 中国和日本部分行业人员素质比较

行业名称	人均受教育年限（年）		大专及以上从业人员比重（%）	
	中国	日本	中国	日本
农林牧渔业	6.79	10.67	0.14	8.16
建筑业	8.98	11.74	4.61	21.29
制造业	9.47	12.33	5.81	28.25
电力、煤气、热、水供应业	11.25	13.21	16.28	31.58
交通通信业	9.8	12.08	6.85	22.25
批发、零售、饮食业	9.32	12.57	5.17	34.04
金融、保险、房地产业	12.79	13.58	37.45	54.18
社会服务业	9.75	13.24	8.7	51.62

从技能工人分布看，我国现有技术工人只占全部工人的1/3左右，而且大多数是初级工。如表1—2所示，我国高技能工人的比例远远落后于发达国家。和其他亚洲国家相比，我国有更多的公司认为劳动者技能不足是发展的障碍。在我国制造业比较发达的沿海地区，技能工人已经成为制约产业升级的突出因素。[①]

表1—2 中国与发达国家具有职业资格认证的技工分布比较 单位:%

	高级技师	技师	高级技工	中级技工	初级技工
中国	0.3	1.7	11.6	49.0	37.4
发达国家	35		50		15

二 加强校企合作、创新职业教育办学模式成为国家意志

改革开放将近40年，职业教育在我国经济社会和教育工作中的地位和价值受到高度重视，职业教育体系逐步完善。2009年，全国中等职业学校14401所，招生规模达到869万人，在校学生达到

---

① 袁红、张丽俐:《中国高技人才供需情况及成因分析》,《人力资源管理》2011年第6期。

2195 万人，实现了中等职业教育与普通高中教育招生规模大体相等的规划目标；高等职业学校发展到 1215 所，招生人数 313 万人，在校学生达到 965 万人，高等职业院校招生规模占到普通高等院校招生规模的一半。[①] 职业教育进入到一个新的发展阶段。加强校企合作，创新职业教育办学模式，提高职业教育质量成为新时期职业教育发展的战略重点。2002 年、2005 年，国务院先后召开了两次全国职业教育工作会议，会议出台了《关于大力推进职业教育改革与发展的决定》和《关于大力发展职业教育的决定》，进一步提出了"以服务为宗旨，以就业为导向"的改革思路，明确了"培养数以亿计的高素质劳动者和数以千万计的专门人才"的培养目标。2005 年 11 月，温家宝总理在全国职业教育工作会议讲话中强调："有条件的地方和学校，学生可以一面在学校学习，一面在企业工作，工学结合、半工半读。"随后，教育部相继出台了《关于进一步加强职业教育工作的若干意见》《关于职业院校试行工学结合、半工半读的意见》等若干指导性文件，明确指出要逐步加强产教结合，校企合作，深化办学模式和人才培养模式改革。2007 年，温家宝总理再次指出：要把发展职业教育放在更加突出的位置，使教育真正成为面向全社会的教育。深化职业教育管理体制改革，建立行业、企业、学校共同参与的机制，推行工学结合、校企合作的办学模式。2010 年，《国家教育中长期改革和发展规划纲要（2010—2020)》明确指出要不断深入推进校企合作办学模式。教育部副部长鲁昕同志多次在讲话中指出，积极推进校企合作创新是职业教育改革的关键所在。2014 年《国务院关于加快现代职业教育的决定》指出，要激发企业活力，全面落实企业主体地位。2017 年，党的十九大报告中指出完善职业教育和培训，深化产教融合，校企合作的

---

① 教育部：《中国教育统计年鉴 2009》，人民教育出版社 2010 年版。

战略任务。可见，加强校企合作创新，提高职业教育质量成为当前职业教育发展的核心。

三 加强校企合作，成为市场经济体制下企业发展的内生需求

企业作为社会经济活动的个体，营利性是其本质特征。能否营利是其参与任何项目包括校企合作的根本因素。从经济学上讲，企业将参与职业教育视为直接的损失或间接的利益，近期的投入和远期的收益的比较。长期以来，由于现代企业用工制度的束缚，企业必须承担培养技能人才的法律制度的缺位，企业短视化的倾向严重，因而企业觉得培养技能人才是职业学校的事，与自己关系不大。即使要做这项工作也希望由政府来为职业教育埋单，摊薄企业人才资源成本，没有将技能人才培养纳入发展战略。因此，推动企业界参与校企合作，关键在于能否让企业界从校企合作中享受到实惠，带来经济利益。在新的历史阶段，这种合作的条件正在逐渐具备。一方面，随着经济发展环境和产业结构升级与调整的变化，技能工人已经成为企业发展的核心资源，加强校企合作成为企业发展过程中的必然选择。另一方面，随着现代企业用工制度的确立，迫使企业放弃原来的短视行为，注重人才的长期发展，企业界参与校企合作培养人才具有了一定的制度约束。特别是伴随着"互联网＋"、智能制造时代的到来，在技术进步的促动下，加强校企合作，正逐渐成为新时期企业发展的内生需求。

四 日益差异的企业参与职业教育行为，对校企合作政策提出了更高的要求

在国家政策的有力引导下，伴随着企业技术进步，企业参与职业教育的程度不断加深，企业参与职业教育模式不断推陈出新，涌现出冠名班、订单培养、校中厂、企校一体化、实体化专业、职教集团化办学、混合所有制、股份制等不同的模式。多样化的模式并存，增加了职业教育校企合作的复杂性，客观地降低了相关政策有效性，在一定程度上，导致企业参与职业教育动力整体性不足，对职业教育校企合作政策体系提出了更高的要求。

可以说，加强校企合作、提高技能人才培养质量已经成为新时期中国经济社会发展的重要举措，关注企业参与职业教育行为多样化的内在机理，优化企业参与职业教育的政策体系成为职业教育理论和实践研究的重点和热点问题。当前，现有研究主要基于贝克尔的完全竞争市场条件下的企业培训模型来解释企业参与职业教育的内在动因，并将职业教育校企合作"一头冷、一头热"的困境归因为企业利益关注不足、激励机制缺乏、"挖墙脚效应"等原因导致企业成本分担与补偿机制的缺乏。[1][2] 而技术进步影响下的技能变化对企业培训动机及其策略的影响却因为完全竞争市场的假设而被忽略。而事实上，完全竞争市场是不存在的，不完全竞争市场条件是市场的真实状态。在不完全市场条件下，企业提供技能培训的动机不仅与培训成本有关，还与技术进步与技能带来的培训收益的变化有着密切的联系，这对于理解当前产业升级与调整背景下企业参与职业教育的动机变化具有重要的理论价值。因此，本书从技术技能的背景出发，揭示企业参与职业教育的内在逻辑，分析企业参与职业教育的行为差异化的内在机理，对当前职业教育政策及其效度进行分析，为科学有效的职业教育校企合作政策体系的构建提供理论依据。

---

① 张俊珍、田东平：《企业参与校企合作教育动因的实证研究》，《高等工程教育研究》2008 年第 4 期。

② 胡艳曦、曹立生、胡永红：《我国高等职业教育校企合作瓶颈及对策研究》，《高教探索》2009 年第 1 期。

第二节　研究意义与价值

一　理论意义

"企业参与职业教育的行为差异化内在机理研究"研究的是"人才技能的供需与企业技术进步、企业参与职业教育校企合作积极性之间的关系"。内生性概念来源于经济学。"技能内生性"是指人才技能的变化及其对其他变量的作用。研究力图改变以往研究中将技能视为一个无差异性常量的局限，从技术进步是企业获得竞争力的关键，而技术进步是建立在技能基础上的基点出发，构建起以技能内生性为纽带的企业技术创新与职业教育校企合作有机整合的研究框架，通过对企业参与职业教育现状的数据分析，深刻剖析差异性参与行为在技术进步中的贡献差异性及其变化趋势，解析差异性行为对追求技术进步的企业参与校企合作动机的影响及变化趋势，探讨技能内生性基础上的校企合作机制及其影响因素，对于丰富职业教育校企合作研究视角，构建具有一定普适意义和现实解释力的职业教育校企合作理论体系，完善教育经济学研究体系具有一定的理论意义。

（一）为深入提升企业参与职业教育的积极性提供理论依据

目前对于职业教育校企合作的研究比较多，但针对企业参与校企合作的差异化行为及成本—收益的研究却非常少。识别企业参与职业教育的差异化行为，甄别差异化行为影响因素，通过数据分析和模型选取得出企业在风险状态下参与职业教育的最优行为决策结论，有助于完善企业参与职业教育相关研究，为今后实现校企"双赢"，推动企业积极参与职业教育合作提供了扎实的理论依据。

（二）有助于明确企业在职业教育中的主体定位

目前，我国职业教育校企合作面临着诸多困境，企业参与职业教育的动力明显不足，分析企业参与职业教育的差异化行为及其影响因素能够为突破校企合作困境提供可能性和空间，通过划分企业类型、对不同类型企业参与职业教育的行为决策模型进行分析并得出结论，使相关部门能够明确工作职责和目标，更加有针对性和有保障性地推出促进校企合作的政策制度，有助于明确企业在职业教育中的定位。

二 实践意义

由于体制和制度原因，以及企业技术水平和创新能力限制，我国职业教育校企合作水平不高，企业参与校企合作积极性不足，制约了职业教育质量的提高，造成了企业技术创新与进步缺乏技能人才的支撑，形成恶性循环，影响了区域产业升级与调整的能力。研究企业参与职业教育差异化行为的内在机理，有助于分析和把握企业参与职业教育校企合作的深层动因，为职业教育校企合作政策体系的制定提供理论支撑；同时，通过课题研究有助于把握处于我国经济改革前沿的不同类型企业的职业教育校企合作现状，推动校企合作机制创新及国家职业教育校企合作政策体系的构建，结果具有一定的前瞻性和实践指导意义。

（一）提高企业参与职业教育的积极性，促进校企合作发展

对企业参与职业教育办学须找到学校与企业的利益契合点，这样才能建立起长效共赢的合作机制。本书以企业为研究对象，研究风险状态下不同企业参与职业教育的行为决策，使各类企业在校企合作过程中的投入成本得到控制，生产收益得到保障，有助于在实践中调动企业参与职业教育办学的积极性，改善当前校企合作整体水平不高的现状。

（二）有助于明确不同类型企业在职业教育办学中的角色

企业的参与是职业教育办学中的重要组成部分，当前我国校企

合作整体层次较低的原因之一在于企业在职业教育办学中的角色及定位划分不清，在企业培训、订单班等多种合作模式并存的情况下，各类各型企业表现出来的合作行为差异性和偏好性缺乏科学有律的指导。通过分析企业参与职业教育差异化行为的影响因素，寻求企业参与职业教育的利益点，通过国家、学校等多方的努力使企业在职业教育中获得最大利润，促进企业参与职业教育。

第三节　概念界定

本书以企业差异化参与行为为研究视角，对职业教育校企合作的影响因素及动机偏好进行分析，并在此基础上提出对策建议。相关的主要概念定义如下：

（1）职业教育，在本书中职业教育包括高等职业教育和中等职业教育。

（2）校企合作，是学校与企业合作教育的简称。本课题将校企合作定义为：职业院校与相关企业在人才培养与职工培训、科技创新与技术服务、资源共享与共同发展等方面开展的合作。

（3）技能内生性，内生性概念来源于经济学。"技能内生性"是指人才技能的变化及其对其他变量的作用。"技能内生性视角下的职业教育校企合作机制研究"研究的是"人才技能的变化与企业技术进步、企业参与职业教育校企合作积极性之间的关系"。

第四节　文献综述

一　国外相关研究

校企合作是促进职业教育快速发展的有效方式。许多发达国家都非常重视职业教育校企合作并通过建立有效的校企合作模式推动职业教育的发展，进而带动整个国家的经济发展。美国、德国、英国、日本、澳大利亚等都是职业教育开展较早的国家，已经基本形成完善的教育体系，在校企合作制度方面的经验比较丰富，值得借鉴。美国的社区学院培养了大批实用型人才，这些人才不仅掌握了丰富的知识，还具有实际的操作能力，极大地促进了美国经济的发展。作为德国经济发展的秘密武器——"双元制模式"更是享誉全世界，成为各国效仿的对象。英国开展校企合作已有一百多年的历史，多年来为英国培训了各种专业技术人才，造就了大批合格的劳动力，满足了职业世界的需求，不仅促进了英国的经济发展，而且为英国的科技振兴做出了重要的贡献。在日本，作为联结教育、科技和产业的产学合作对日本经济的发展做出了巨大的贡献。经过长期的社会实践活动和经济交往，澳大利亚逐渐探索出符合本国发展的职业教育模式，高质量的教育尤其是闻名世界的 TAFE 学院，促进了经济的高速发展。

国外关于企业参与职业教育的研究开展比较早，研究内容和范围也比较广泛，一些发达国家如美国、英国和以德国为代表的欧洲大陆国家有关职业教育与培训的规划开始较早，形成了较为完善的职业教育体系。美国的社区学院教育是美国短期高等教育的一项创举，它为美国培养了大批高素质职业技术人才，促进了美国经济的快速发展；英国资格框架在实践中不断改革完善，从延续 7 年的资格与学分框架（Qualification and Credit Framework）到 2015 年 10 月正式启用的规范资格框架（Regulated Qualifications Framework）的转变，展现了英国职业教育从强调刚性划分、覆盖面广的现实取向转变为追求柔性衔接、管理健全的发展取向；而德国在职业教育培训领域作为欧洲大陆国家竞相模仿的对象，其遵循的"双元制"教育制度为德国的经济发展提供了重要的人才支撑，并有效弥补了义务教育和高等教育的不足。这些职业教育发展的成功模式无一例外都离不开社会力量的大力参与，而我国也从这众多的经验借鉴中意识到行业组织，尤其是企业的广泛参与是现代职业教育治理的普遍经验。①

对于企业参与职业教育相关研究，众多学者都认为校企合作各方要想从中获益应建立在一定的规则基础上，政府、学校、企业三方要互相理解，各自发挥作用，及时沟通并保持一致的目标，尤其是代表市场经济运行状况的企业参与意义重大。Stephen Billett（1998）认为，在参与职业教育方面，政府计划与企业实践往往存在明显偏差，政府在鼓励企业积极参与职业教育的同时应与企业共同承担成本。Yu Zeng（2015）认为，职业教育中的校企合作是构建现代职业教育体系的重要组成部分，为确保校企实现"双赢"，政府加强对校企双方法律意识的培养以创造良好的法律环境和舆论环境来吸引投资，同时建立完整的信息披露机制，使校企双方合作风险可预测、可控制。Julio A. Pertuze 和 Edward S. Calder（2010）等认为，学校为企业的创新战略提供了重要资源。企业若想在校企合作中获得收益，不仅要投入人力参与职业学校的管理，与职业学校建立长期的合作关系，还要建立交流平台，及时与职业学校进行沟通，交流彼此的想法。对合作项目的反馈能更好地满足企业的需求。此外，合作过程中和合作后的管理和监督也很重要。Noel C. White 认为，校企合作的参与主体必须相互理解，在合作时要了解各方的需求、所要面对的压力以及合作中的负面影响，要在行为上保持一致，这样才能从中获益。

另外，学者们也对企业参与职业教育的影响因素进行了分析。Agusti Segarra-Blasco（2005）等认为，企业的规模和创新活动对企业参与职业教育的意愿有所影响。也就是说，如果企业认为与职业

① Wolfgang Bliem, Alexander Petanovitsch, Kurt Schmid. Success Factors for the Dual VET System［M］. ibw-Forschungsbericht Nr. 177, 2014, p. 12.

学校合作能够对企业的创新活动起到重要作用，那么企业就很有可能参与校企合作。此外，笔者也提到完善的政策体系能够为企业和职业学校的合作提供有力支持。Yiqiong Li 和 Peter Sheldon (2014)[①] 以我国的苏州工业园为例，详细阐述了一个地区的行业经济发展离不开当地职业教育培训所给予的技能人才支撑，并从当地劳动力市场的角度分析了企业如何有效地与职业院校合作，须以企业自身发展需要和系统创新为出发点。美国学者 Mark S. Schwartz (2003) 认为，经济动力是企业承担社会责任的主要来源，除此之外，制度动力和道德动力也会促使企业承担社会责任，要想达到理想状态，必须同时满足这三方面的动因。与此持相似观点的是 Stephen Billett 和 Andrew Smith (2010)[②]，他们认为政府的政策机制对企业加大职业教育投资有重要影响，政府不仅要规范企业参与行为和授予企业足够的参与自主权，也要从价值观念上积极引导使雇主认可职业教育投资给企业带来的技术技能创新。世界银行则通过对德国职业教育发展的调查发现，企业规模与雇主参与"双元制"的积极性有很大关系，企业规模越大，企业参与办学的积极性越高。对国外企业参与职业教育条件、影响因素相关文献的分析梳理有助于我们开展本国企业参与职业教育提高积极性的理论研究。

此外，在成本收益方面，Stevens M. A. (1994)[③] 认为，随着学生在企业实习时间的增加，尽管企业投入的成本会增加，但学生能为企业带来更高的生产价值，企业能获得更多的净收益。因为在

---

① Yiqiong Li, Peter Sheldon. Collaborations between Foreign-invested Enterprises and China's VET Schools: Making the System Work Amid Localised Skill Shortages [J]. Journal of Vocational Education & Training, 2014, pp. 311 – 329.

② Stephen Billett, Andrew Smith. Enhancing Enterprise Expenditure on VET: Policy Goals and Mechanisms [J]. Journal of Vocational Education & Training, 2010 (18), pp. 5 – 6.

③ Stevens M. A. Theoretical Model of On-the-Job Training with Imperfect Competition [A]. Oxford Economic Papers [C]. Oxford University Press, 1994.

学生实习的最初阶段，由于其生产率较低，企业投入的成本一般要高于学生带来的收益，当学生的生产力水平越来越高，最终创造的生产价值高于企业为之支付的成本时，企业将从亏损状态转为盈利状态，这与企业参与职业教育的规模效应类似，是一个由量变达到质变的过程。Mohrenweiser J. （2008）[①] 等的观点进一步指出，企业参与职业教育的收益差异主要来自学生为企业带来的生产价值，部分短期内获利的企业在无风险状态不需要任何激励也愿意继续参与，而部分短期内亏损，且长期收益得不到保障的企业可能会停止参与职业教育。这部分有关成本收益问题的研究表明企业作为经济组织，其参与职业教育的目的在于获取短期或长期利益，因而从互补的角度出发，参与职业教育短期内处于亏损的企业，其激励手段要以长期利益为着重点，比如维持学生的留任率及工作稳定性。而我国由于当前劳动力市场还不健全，自由度较高，留任率及稳定程度都不佳，大部分短期亏损的企业，其长期收益并不高，更无法弥补前期成本。

目前，国外校企合作的制度相对来说比较完善，企业参与职业教育的积极性都很高，校企合作的机制健全。更多的研究将注意力放在如何让校企合作使校企双方获利更大，如何使职业教育更好地带动经济的发展。

二 国内相关研究

国内学者在有关企业参与职业教育这一主题的研究也不在少数，随着近年来职业教育体系构建步伐的加快，其相关学术研究的视野和角度也不断扩大、多元，研究内容涉及并集中于企业参与职业教育的现状、影响因素及对策建议等几方面，而把企业作

---

① Mohrenweiser J. , Backes-Gellner, U. Apprenticeship Training—What for? Investment in Human Capital or Substitution of Cheap Labour［R］. Leading House，2008.

为参与主体的研究相对来说较少。此外，经济社会的转型升级对职业教育体系提出了更高的要求，对于企业而言，校企合作不再是单纯的职业教育培训形式，而是企业获取长期人力资本和短期经济回报的投资行为，基于此，部分专家学者尝试从跨学科的角度运营经济学、管理学等学科知识来研究企业参与职业教育的成本收益问题，企图从根本上提高企业参与职业教育的积极性。研究视角不仅局限于教育学理论知识，研究理论也比较多样化，利益相关者理论、基于资源依赖理论、中间组织理论是学者们常用的理论，其中运用利益相关者理论的最多。学者们试图通过调研、分析、总结找到影响企业参与职业教育的根本原因并提出相应的对策。这些从不同视角出发或定性或定量的研究成果为我国校企合作深度发展提供了理论基础。

（一）关于企业参与职业教育的现状研究

国内关于企业参与职业教育现状的研究较为普遍，大部分都是站在宏观整体的角度，认为当前我国校企合作的水平有待提高。周红缨、赵恒伯（2012）认为，现有的校企合作大多层次较低，以提供实习实训为主，诸如参与职业教育的专业设置、人才培养、师资建设等深层次合作较少。[1] 潘海生、王世斌、龙德毅（2013）认为，目前企业对校企合作的需求不足，校企合作的形式单一，质量有待提升。[2] 柴彦辉认为，改革开放以来国有企业不仅极大地减少了对职业教育的经费投入，更重要的是，参与职业教育的行为也严重弱化。孙泽平、杨慷慨、冯树清（2016）认为，近年来校企合作虽有所进展，但还存在一些问题：学校主动联系企业，企业给予的回应却较少；学校采取的行为和措施比较多，政府的支持力度小，

① 周红缨、赵恒伯：《企业参与职业教育现状及其再认识》，《企业经济》2012 年第 12 期。
② 潘海生、王世斌、龙德毅：《中国高职教育校企合作现状及影响因素分析》，《高等工程教育研究》2013 年第 3 期。

这些严重影响校企合作的效果和企业参与的积极性。[①]　徐德培、莫伟华（2017）从不同专业与企业的合作差异、企业对职业教育的投入情况、校企合作的机构保障建立情况等几方面着手分析，发现企业参与职业教育的直接动力是经济动力，多数企业已认识到参与职业教育对企业长远发展的重要性，但是企业的参与热情却始终不高。[②]

　　另外，部分学者从实地调查的角度出发，具体分析并列举了企业参与职业教育存在的问题和不足。刘繁荣、马珂（2016）的调查结果表明，我国企业参与职业教育的意愿在增强，但企业在职业教育中缺乏主体地位，政府和行业组织的影响微弱，企业参与职业教育处于零散、自发的状态。[③]　谭永平（2016）也指出，我国企业参与职业教育存在很多问题，包括企业参与职业教育的积极性普遍不高、参与程度不深、参与形式单一等，并且存在十分明显的"三多三少"情况，即国有企业参与职业教育的较多，私营企业参与较少；大中型企业参与职业教育的较多，而各类小型企业参与较少；汽车、电子等技术密集型企业参与较多，餐饮、建筑等技术含量偏低的企业参与较少。[④]　刘红（2011）对近 20 年来企业参与职业教育的状况进行了梳理，发现尽管有企业加入的职业教育集团数量迅速增长，但近年来企业参与职业教育办学的数量却持续下滑，企业投入动力不足，数额连年递减，整体来看形势依然严峻。[⑤]　何兴国（2012）通过实证调查发现绝大多数的民营企业都想参与职业教育，

[①] 孙泽平、杨慷慨、冯树清：《论企业参与职业教育的激励机制》，《中国成人教育》2016 年第 10 期。

[②] 徐德培、莫伟华：《企业参与职业教育现状调查——以江西五所高职院校为例》，《职教论坛》2017 年第 12 期。

[③] 刘繁荣、马珂：《我国企业参与职业教育现状之研究》，《价值工程》2016 年第 5 期。

[④] 谭永平：《企业参与职业教育存在的问题及对策》，《教育与职业》2016 年第 13 期。

[⑤] 刘红：《企业参与职业教育的发展状况与思考》，《中国职业技术教育》2011 年第 29 期。

但是由于自身能力等方面的局限，参与层次较低。[①]

（二）企业参与职业教育的动因研究

对于企业参与职业教育的动因研究也不少，既有理论研究，也有实证研究。部分学者认为，对人才的需求、对技术的需求、履行社会责任是企业参与职业教育的普遍动因。肖称萍（2012）将企业参与职业教育的动因归结为人才引进、技术更新、社会责任、政府法律的压力与引导四方面。[②] 霍丽娟、刘新起等（2009）对河北省96家企业进行了问卷调查，结果表明追求人才素质的提高和技术资源的提升是企业参与职业教育的主要动因，新员工的引进是企业最后考虑的因素。部分学者认为，企业参与职业教育不仅会考虑短期利益，企业自身的发展需求也至关重要，并对其影响程度进行了分析。[③] 张俊珍、田东平、崔瑞锋（2008）认为，企业参加合作教育的动力主要来自自身发展的需要和对短期利益的追求。[④] 除此之外，叶志林、张国红（2013）认为，企业参与职业教育的动机除了慈善动机、个体动机和集体动机，还应该包括情感动机。[⑤] 林永春、李慧（2012）则认为，贯彻企业文化也是企业参与职业教育的重要动因。[⑥]

（三）影响企业参与职业教育行为的因素研究

对企业参与职业教育的影响因素探究是校企合作研究中的热点

① 何兴国：《民营企业参与职业教育的实证调查与分析》，《职业技术教育》2012年第31期。

② 肖称萍：《企业参与校企合作的动因分析与激励机制探究》，《职教论坛》2012年第34期。

③ 霍丽娟、刘新起、李虎斌、贾树生、赵菁：《企业参与校企合作的意愿调查与分析——以河北省企业为例》，《职业技术教育》2009年第34期。

④ 张俊珍、田东平、崔瑞锋：《企业参与校企合作教育动因的实证研究》，《高等工程教育研究》2008年第6期。

⑤ 叶志林、张国红：《动力系统视角下企业参与职业教育促进机制的构建》，《教育与职业》2013年第26期。

⑥ 林永春、李慧：《企业参与职业教育的可行性分析》，《中国职业技术教育》2012年第6期。

问题，多采用设计问卷的方式进行调研，调研范围主要集中在某一地区的企业，调研内容的侧重点有所不同。绝大多数的学者从整体性出发，认为企业参与职业教育受到企业自身、政府、学校、学生、劳动力市场等多方面因素的综合影响。何兴国、潘丽云（2014）以宁波、温州、台州三地的民营企业为研究对象进行实证研究，发现民营企业参与职业教育受企业内部需求和外部环境的双重影响。① 赵国君（2009）认为，虽然政府制定的法律政策不完善会阻碍企业参与职业教育，但更为重要的原因是职业学校的人才培养水平达不到企业的用人标准。② 查吉德（2006）认为，传统办学观念在一定程度上影响了校企之间的合作。③ 张俊珍、崔瑞峰（2010）在问卷分析的基础上得出合作教育的形式对企业参与职业教育的意愿有显著影响，低层次的合作形式更受企业的欢迎。④ 周鸣阳（2009）从经济学视角分析高职校企合作存在资源配置效率不佳、利益分配不当、缺少可持续发展的良性循环机制等方面的缺陷。⑤ 沈云慈（2010）从市场经济的视角对校企合作的现状分析，认为之所以出现合作形式简单、合作层次较低等问题主要是因为缺少市场经济观的主体认识和主体行为，缺少与市场经济相适应的合作关系和运行机制。⑥ 总结出市场经济环境、政府态度、企业内部构成等都对企业参与职业教育产生影响。冉桃桃（2015）

---

① 何兴国、潘丽云：《民营企业参与职业教育的影响因素及动力机制》，《教育与职业》2014 年第 14 期。

② 赵国君：《校企合作的发展现状及其建议》，《中国职业技术教育》2009 年第 26 期。

③ 查吉德：《广州市企业与职业院校合作意愿的调查研究》，《中国职业技术教育》2006 年第 29 期。

④ 张俊珍、崔瑞峰：《企业参与校企合作教育影响因素分析及对策研究》，《中国高校科技与产业化》2010 年第 6 期。

⑤ 周鸣阳：《经济学视野下高职教育"校企合作"的对策研究》，《中国成人教育》2009 年第 18 期。

⑥ 沈云慈：《市场经济视角下校企合作的问题及其化解》，《中国高等教育》2010 年第 15、16 期。

经过调查验证发现，企业的技术倾向对企业参与职业教育的行为有显著影响，即企业技术人员的知识更新和整合对企业行为有正向影响；此外，企业的个性特征对企业参与职业教育会产生影响，劳动密集型企业和技术密集型企业对校企合作的依赖度更高，大型企业比中小型企业更能深入地参与校企合作；同时，笔者认为政府责任也与企业行为有正相关关系，政府责任的缺失是导致企业低层次参与校企合作的原因之一。[①] 刘志民、吴冰（2016）认为，企业因其所属行业、规模、所有制、技术采用导致专用技能人力资本需求差异，此差异引发了企业与职业院校合作行为与合作水平差异。[②] 而吴强（2014）从企业视角出发，归纳出校企合作战略伙伴选择的影响因素，包括企业自身的兼容性、资源与能力、投入及利益和政府支持四个方面。[③]

不同类型企业参与职业教育的行为具有差异性，影响企业参与行为差异化的因素也多种多样，但究其根本是在于企业能否在与职业院校的合作中获得收益。部分学者的观点都从客观角度印证了企业参与职业教育的成本收益问题是企业是否愿意参与进来的根本考量。李俊（2015）在研究中认为企业利益得不到保障是阻碍企业参与和投入职业教育的最重要因素。[④] 冉云芳、石伟平（2016）从国际比较的视角，通过对德国"双元制"学徒制的研究发现，绝大多数企业参与学徒制培训在短期内处于净损失状态，但长期收益较高，且足以弥补净损失，这也是德国学徒制中学徒和企业可以取得

① 冉桃桃：《企业参与职业教育的差异化行为的影响因素研究》，硕士学位论文，天津大学，2016 年。

② 刘志民、吴冰：《企业参与高职校企合作人才培养影响因素的研究》，《高等工程教育研究》2016 年第 2 期。

③ 吴强：《企业视角下校企合作战略联盟伙伴选择影响因素分析》，《企业经济》2014 年第 11 期。

④ 李俊：《我国企业参与职业教育的困境及其突破——基于公共选择理论与劳动经济学的分析》，《教育发展研究》2015 年第 35 期。

"双赢"的前提。① 王红英、滕跃民等（2014）则直接指出了当政府对企业参与职业教育的直接补助与税收优惠越大，企业参与合作办学的积极性则越大；企业通过合作办学的形式越能招聘到所需员工，企业参与职业教育的积极性越大；企业参与合作办学的参与成本越低，企业参与职业教育的积极性越高。还有些学者从企业的角度出发，认为企业自身的特点和顾虑是影响其参与职业教育的主要因素。② 吴红宇、杨群祥（2012）通过问卷分析得出企业所在地区、企业所属产业类型、企业规模、企业历史、企业对成本和技术的要求等都对企业是否参与职业教育有影响。企业所在的地区经济越发达，所属的产业类型为技术密集型，规模越大，历史越悠久，开展校企合作的可能性越大。③ 这些关于企业参与职业教育影响因素的研究为后续如何消除影响，促进企业参与和投入职业教育提供了理论基础。

（四）企业参与职业教育的激励机制研究

对企业参与职业教育的激励机制研究，多数学者认为政府的责任重大，政府需要从政策法规、组织机构、财政补贴等方式激发企业参与职业教育的积极性。和震（2013）认为，我国职业教育校企合作存在政府、行业、企业、职业院校、学生五大层面的问题，政府的作用至关重要，需要政府从政策制度、经费、组织等多方面构建校企合作的机制。④ 梁卿、刘根润、韦玮（2014）认为，为了激发企业参与职业教育校企合作的积极性，不仅要制定优惠政策，坚

---

① 冉云芳、石伟平：《德国企业参与学徒制培训的成本收益分析与启示》，《教育研究》2016 年第 5 期。

② 王红英、滕跃民、黄静：《企业参与高职教育合作办学的影响因素分析》，《教育发展研究》2014 年第 19 期。

③ 吴红宇、杨群祥：《影响企业开展校企合作的因素研究——基于 910 份调查问卷的分析》，《职业技术教育》2012 年第 16 期。

④ 和震：《职业教育校企合作中的问题与促进政策分析》，《中国高教研究》2013 年第 1 期。

持利益驱动，更要注重对校企合作的责任引领，将参与校企合作作为企业的责任作为法律政策的一部分。①

部分学者从政府、职业院校、企业三方面构建企业参与职业教育的激励机制。谭禾丰（2011）认为，要想激发企业参与职业教育的积极性，一方面需要政府通过完善政策环境、激励机制和保障机构来构建外部激励环境，另一方面也需要企业和学校提升自身基础能力建设来激发企业参与职业教育的主体意识和内在需求。② 贺修炎（2008）认为，要想改变目前高职院校校企合作的被动局面，不仅需要构建利益相关者共同治理的内外部结构，还需要建立相应的运行机制。③

还有学者认为企业参与职业教育的积极性不高，主要是因为税收制度存在缺陷，企业得不到利润，因此从税收政策入手提出激励机制。马兆瑞、李文强（2011）认为，企业参与职业教育校企合作积极性不高直接原因是税收制度的公平性、税收优惠方式和力度存在问题导致企业得不到实惠，为此应该通过税收制度的规范化、优化与形式的多样化来完善税收制度，提高企业参与职业教育的积极性。④ 林永春、李慧（2011）认为，国家可以通过实习基地收入免税、研发基地收入免税等企业所得税优惠政策来激励企业参与职业教育。⑤

（五）关于企业参与职业教育的成本收益研究

当前我国关于企业参与职业教育的成本收益研究还比较少，多

---

① 梁卿、刘根润、韦玮：《促进企业参与校企合作的政策取向：反思与重构》，《职教论坛》2014 年第 7 期。

② 谭禾丰：《激励理论视角下的企业参与职业教育研究》，《教育与职业》2011 年第 22 期。

③ 贺修炎：《构建利益相关者共同治理的高职教育校企合作模式》，《教育理论与实践》2008 年第 11 期。

④ 马兆瑞、李文强：《完善税收激励机制，促进企业参与职业教育》，《天津师范大学学报》（社会科学版）2011 年第 2 期。

⑤ 林永春、李慧：《激励企业参与职业教育的税收政策研究》，《职教论坛》2011 年第 33 期。

数研究集中于企业参与成本收益的分类和理论推算。陈芳芳（2012）从成本收益出发，认为技术含量低的企业在校企合作中承担的生产风险成本和管理成本低，技术含量高的企业在校企合作中承担的生产风险成本和管理成本相对较高，校企合作实质是一个成本分摊和社会分工的问题，因此有效的校企合作要根据企业对其员工的技术含量要求不同而选择不同的方式。[①] 程培堽、顾金峰（2012）以人力资本理论为基础，通过对企业参与职业教育的成本收益分析，构建了一个企业参与合作教育决策的理论模型，并用风险调整现金流量法对模型进行了修正，基于理论模型，以内部报酬率作为企业决策的主要指标。[②] 王红英、胡小红（2012）基于国际比较的视角概括了多数企业参与职业教育的总成本和总收益，并以德国为例指出德国企业参与职业教育是可获得净收益的，原因在于：一是直接参与收益可以获得保障且具有一定持续性；二是间接参与收益较高，使企业在条件具备情况下做出参与职业教育的决策。[③]

冉云芳、石伟平（2015）通过调查发现，企业参与职业教育的成本收益构成及高低情况因企业特征、合作目的不同而呈现较大差异，总体呈"低成本—低收益"状态。[④] 在另外一篇文章中，冉云芳（2016）以企业参与职业教育办学的投资回报率、净收益现值、内部收益率为出发点，得出企业参与职教的短期成本和短期收益的测算公式，用 AMOS 结构方程得出影响因素对企业行为的模型。在

① 陈芳芳：《经济学视野下的高等职业教育校企合作运行机制研究》，硕士学位论文，河南师范大学，2012 年。

② 程培堽、顾金峰：《校企合作的企业决策模型——基于成本和收益的理论分析》，《高教探索》2012 年第 5 期。

③ 王红英、胡小红：《企业参与高职教育成本与收益分析——基于中、德、澳的比较》，《教育发展研究》2012 年第 23 期。

④ 冉云芳、石伟平：《企业参与职业院校校企合作成本、收益构成及差异性分析——基于浙江和上海 67 家企业的调查》，《高等教育研究》2015 年第 9 期。

后续的研究中，冉云芳（2017）基于对多家企业的结构式访谈和内部收益率分析发现，企业参与职业教育的成本和收益主要为人力成本和人力收益，在影响因素中部分企业基本特征和办学特征对成本、收益、净收益和内部收益率的影响比较显著，建议将成本收益作为核心指标，建立职业院校选择企业的筛选机制，对短期内亏损且长期收益不高的企业进行针对性补助①，这种从保证企业净收益出发，基于不同职业岗位的技能形成需要灵活设置学生实习实训内容的分析研究，在实践层面为提高我国企业参与职业教育积极性有较强的指示作用。总体而言，我国目前关于企业参与职业教育的成本、收益研究还不是很充分，已有研究主要集中在两个方面：一是国外企业参与学徒制成本收益的比较分析，二是对国内企业参与职业教育办学的成本收益要素进行理论概括等，缺乏在应用上有关企业参与职业教育收益最大化具体决策的实证研究。

（六）关于 Target-MOTAD 模型应用研究

近年来，学术界对风险分析模型的构建和改进做出了努力，形成了众多的分析模型，其中总绝对值偏差最小化（Minimization of the Total Absolute Deviations Model，MOTAD）模型是一种广泛应用的风险决策模型，多用于农业生产方面。这种模型虽然在计算方法上可以将数据转换为线性方程求解，计算量得到了降低，但是计算前提仍然需要以生产者的效用函数为二次函数作为假设，鉴于此模型的局限性，Tauer（1983）在 MOTAD 模型的基础上定义了 Target-MOTAD（目标—绝对值）模型，该模型不需要对生产者的效用函数进行严格假设，并且这一模型可以在目标收益确定的情况下使决策组合随风险的递减而产生变化，这种动态模型更具适应性。

由于存在以上优势，Target-MOTAD 模型得到了广泛应用。西

---

① 冉云芳：《我国企业参与职业教育办学研究综述》，《教育学术月刊》2017 年第 1 期。

爱琴（2006）采用 MOTAD 模型实证分析了不同地区、类型和规模农户农业的预期收入、要素分配和风险水平偏好之间存在的互动关系。[1] 杨俊、杨钢桥（2011）采用 Target-MOTAD 模型的研究表明，调查区域农户耕地投入要素结构和耕地利用结构有优化空间，典型农户在现有耕地资源条件下可以通过耕地投入要素配置及耕地利用结构的优化来增加其农业收入。[2] 朱宁、马骥（2013）运用 Target-MOTAD 模型实证分析了蔬菜种植户的生产经营状况及其在风险条件下种植制度的选择行为，测算出了适合于当地农户的蔬菜种植制度。[3] 不难发现，某一区域内的农业生产要素分配及优化问题与企业如何动用有限的资源投资职业教育办学以获得最大收益有异曲同工之妙，Target-MOTAD 模型在农业生产上的完善与应用为选择我国企业参与职业教育的行为决策模型提供了实践方法。

从以上的研究可以看出，学者们运用多学科知识、多角度研究校企合作，发现其问题并提出解决策略，近年来研究逐渐深入，对企业参与职业教育的动机和影响因素的研究成为热点。但是，我们从中会发现一些不足之处：

（1）从研究视角上来看，绝大多数的研究都把企业当作一个同质化的整体进行研究，缺少对企业参与职业教育的行为的差异化的分析，有关企业参与职业教育的现有研究多集中于校企合作整体现状、影响因素、对策建议或激励机制研究，研究对象单一宏观，缺乏针对性，对于扩大不同类型企业参与职业教育的可得利益，促进校企合作"双赢"发展的实践意义不大，本研究希望跳出现有研究

① 西爱琴：《农业生产经营风险决策与管理对策研究》，博士学位论文，浙江大学，2006年。

② 杨俊、杨钢桥：《风险状态下不同类型农户农业生产组合优化——基于 Target-MOTAD 模型的分析》，《中国农村观察》2011 年第 1 期。

③ 朱宁、马骥：《风险条件下农户种植制度选择与调整——以北京市蔬菜种植户为例》，《中国农业大学学报》2013 年第 4 期。

机制的整体化约束，明确不同企业的企业特征和偏好，做到不同类型企业差别分析。

（2）从研究对象上来看，以往的研究具有明显的教育本位倾向，更关注职业教育本身的特点和需求，对企业的利益和需求关注明显不足。

（3）从研究内容上来看，以往的研究多数将企业参与职业教育的动力不足归因于企业利益关注不足、激励缺乏等外部原因，始终缺乏足够的解释力。对企业参与职业教育的成本收益研究，多数文献是采用经济学的视角停留在成本收益分类和理论推算层面，目标大而空泛，缺乏企业参与职业教育具体决策的实证研究，不能得出企业在资源有限的情况下如何决策使自身利益最大化的结论，本研究通过模型构建，模拟企业参与职业教育的行为决策，得到资源有限条件下的企业最优投资行为选择。

（4）从研究方法上多数学者都运用的是定性研究，定量研究和实证研究较少。关于 Target-MOTAD 模型目前多用于农业生产方面的优化和选择，缺乏将其应用到企业参与和投入职业教育的行为实证研究。

本研究中有以下几点创新之处：

（1）在研究视角上，突破将企业作为一个同质的整体的局限，关注企业参与职业教育行为的差异性，考虑企业的规模、区域、类型和行业属性等差异因素对企业技能培训的承载能力和风险选择的影响。

（2）在研究对象上，本书从企业的角度出发，研究企业的内在需求，探究影响企业参与职业教育的动机偏好。

（3）在研究内容上，本书是以技能偏好型技术进步理论为基础，分析技术进步和企业技能需求的内在联系，构建了企业参与职业教育的内在动力模型和最优决策模型，探究企业参与职业教育差异化的内在动因和收益最大化的行为途径。

（4）在研究方法上，本书不仅运用了定性研究和实证研究，还运用了模型建构的方法对企业参与职业教育的差异化行为进行识别和动态分析，提出解决策略。

第五节 研究思路与研究方法

一 主要研究内容

1. 企业参与职业教育差异化行为识别

立足于国家经济发展方式转型的背景，通过国际比较和历史梳理，分析企业参与职业教育的必然性和必要性。通过调查问卷和案例分析，对企业参与职业教育的意愿、水平进行判断，通过对调研数据的描述性统计分析，对企业参与职业教育的差异化行为进行识别。

2. 企业参与职业教育内生动力分析

内生动力是企业参与职业教育的本质原因，决定了企业参与行为的共性特征。本研究遵循"技术进步—技能提升—工资挤压效应—动力提升"的逻辑主线，以非完全竞争市场条件下企业培训的工资挤压效应模型为基础，分析技能偏好型技术进步下技能的变化导致的边际生产效率变化，使边际生产效率增长超过工资增长导致工资挤压效应变化的传导机制，构建技能偏好型技术进步视角下的企业参与职业教育的动力传导模型。在此基础上，选取代表性的数量指标，构建技术进步、技能与企业参与职业教育动力的数据模型，对理论模型进行验证。

3. 企业参与职业教育差异性行为影响因素甄别

企业规模、企业属性、行业属性等因素则决定着企业参与职业教育的收益、成本和风险承担的个体能力，使企业参与行为体现出个性化的特点，导致差异化的行为。因此，本研究依据技术创新水平指标划分企业类型，在前期调研的基础上，运用 Ordered Probit 模型甄别各类型企业参与职业教育的关键影响因素，利用结构方程模型分析各因素对各类型企业的影响程度。

4. 企业参与职业教育行为差异化内在机理分析

企业参与职业教育的行为决策是内生动力和关键影响因素综合作用的结果。本研究充分考虑内生动力和关键影响因素对企业参与职业教育的投入、收益与风险的影响，建立企业参与职业教育的风险决策模型，通过明晰各类型企业在参与职业教育行为中的投入、收益与风险等方面的属性值，运用目标值—平均值绝对方法模拟各类型企业最优决策的机制，揭示企业参与职业教育行为差异化的内在机理。

5. 企业参与职业教育政策研究

激发企业内在动力，关注不同类型企业政策需求是本研究构建企业参与职业教育政策体系的价值诉求。本书将结合理论和实证研究的成果，对相关政策体系的构建进行探讨。

二　研究思路与方法

（一）研究思路

本研究在对企业参与职业教育差异化行为识别的基础上，基于技能偏好型技术进步，从理论层面分析技术进步带来的技能变化导致的企业参与职业教育内生动机，在对企业分类的基础上，对各类型企业参与职业教育的关键影响因素及其影响程度进行分析，解构内生动力和关键影响因素共同影响下的企业参与职业教育的投入、收益和风险构成，利用风险投资模型阐释企业参与职业教育的决策机制，揭示企业参与职业教育行为的差异化内在机理，最终提出对策建议（见图1—1）。

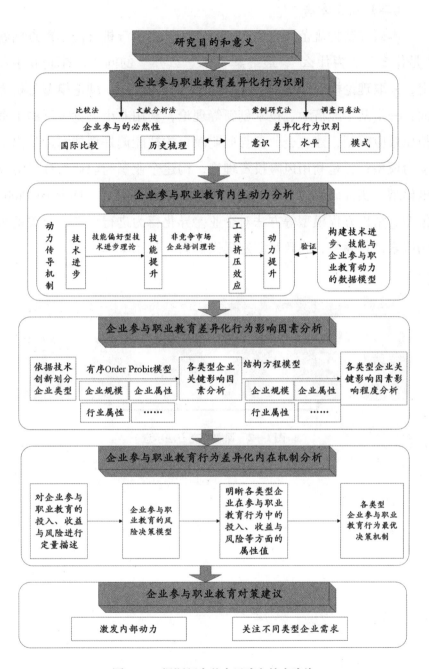

图1—1 课题研究基本思路和技术路线

（二）研究方法

本研究坚持规范研究和实证研究相结合的分析方法，重点回答"是什么""为什么"，最终解答"怎么办"的问题。在研究手段上，采取理论模型分析和实证研究相结合的方法。理论模型分析方面：一是基于经济学、技术创新等理论，利用非市场竞争下的工资挤压效应模型，建立企业参与职业教育的技能偏好型技术进步内生动力模型；二是利用风险投资理论，构建企业参与职业教育风险决策模型。实证研究方面，利用面板数据、调查问卷、Ordered Probit 模型、结构方程模型等方法对企业差异化行为进行识别，对关键影响因素进行甄别，为政策制定提供依据（见图1—2）。

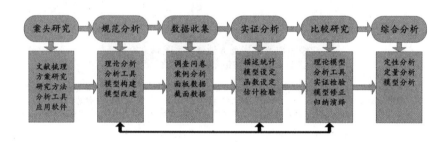

图1—2　课题研究方法示意

第 二 章

企业参与职业教育的现状及
行为差异化分析

第一节　调查问卷的设计与样本数据采集

一　调查问卷的设计

为了准确掌握企业参与职业教育的意愿、水平和动力，了解不同企业参与职业教育校企合作的差异化行为与动因，分析制约企业参与职业教育的影响因素，提出促进企业参与职业教育的对策建议，本研究在积极借鉴相关研究成果的基础上，设计了职业教育校企合作调查问卷。首先，从校企合作的合作深度、合作质量、合作满意度、合作方式等方面了解企业对职业教育的认可和参与程度。其次，在对校企合作整体现状和差异化行为识别的基础上，了解企业参与职业教育的动机和困因，从而提出具有针对性的对策建议。因此，本问卷包含基本信息、企业对职业院校学生的评价、校企合作基本情况、企业参与职业教育的动因、企业参与职业教育的困因分析五个方面的内容，共涉及43个问题。

基本信息一栏主要从合作深度、合作质量方面了解企业参与职业教育的现状，包括企业的性质、来源、行业属性、规模、新员工的来源、职工教育经费占比、研发经费占比、高技能人才占比、实习实训投入等 16 个问题。

企业对职业院校学生的评价一栏主要是从合作满意度方面了解企业对职业院校学生的期待程度，主要问题包括企业愿意录用的学生类型、企业核心岗位的人才来源、企业对近 3 年聘用的职业学校学生的能力和表现的评价以及知识、能力和素质各项指标的重要性和职业学校学生的准备度之间的比较。

校企合作基本情况，本研究设计了《职业教育校企合作行为量表》，主要从合作方式方面了解企业参与职业教育的深度，内容包含实习实训、人才培养、校企共同发展三个方面的 17 种合作方式。

企业参与职业教育的动因，本研究在 Jennifer Young（1997）"针对雇主的国际比较研究"量表的基础上，构建了《企业参与职业教育的偏好量表》，主要从企业的个性特征、企业的技术倾向、企业的人才发展战略、企业对成本的敏感程度、企业的社会责任、政府的责任 6 个方面入手深入了解企业参与职业教育的动因。

企业参与职业教育的困因分析主要是从校企差异、政府责任缺失、学校人才培养质量等方面了解阻碍企业参与职业教育的因素。

二　样本数据的采集与基本统计分析

我国是制造业为主的国家，机械行业在制造业中占据了很大的比重，机械行业参与校企合作的情况在一定程度上能够反映目前企业对校企合作的态度。本次研究选取机械行业的企业为问卷发放的对象，分析企业参与职业教育的现状、行为、动因和影响因素等，对我国政策的制定有一定的借鉴意义。本次问卷共发放 280 份，实际回收 273 份，回收率为 97.5%，有效问卷为 269 份，有效率为 98.9%。

（一）调研企业的类型构成

从调研企业所属类型来看，国有企业 82 个、合资企业 67 个、民营企业 104 个，外资企业 16 个（因数量较少不具有统计意义，在之后的分类数据处理中不作考虑），分别占总样本的 30.48%、24.91% 和 38.66%，如图 2—1 所示。可以看出，在总样本中，民营企业的数量较多。

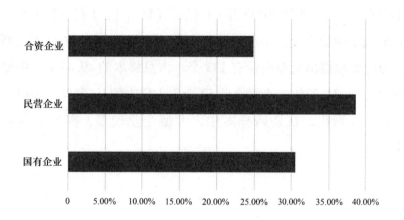

图 2—1 样本企业的性质构成

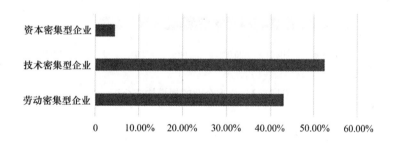

图 2—2 样本企业的属性构成分析

（二）调研企业的行业属性构成

按企业的行业属性分，劳动密集型企业 116 个，占整个样本的

43.12%；技术密集型企业 141 个，占整个样本的 52.42%；资本密集型企业 12 个（同样不具有统计意义），占整个样本的 4.46%，如图 2—2 所示。整个样本中，技术密集型企业较多。

（三）调研企业的规模构成

我们将企业按照年产值划分企业规模，年产值有五个区间，年产值在 1000 万元以下（10 个）和 1000 万—5000 万元（24 个）的属于小型企业，年产值在 5000 万—1 亿元（18 个）、1 亿—5 亿元（28 个）的属于中型企业，年产值在 5 亿元以上（138 个）的属于大型企业，经过整理得出大型企业有 133 个，占总样本的 49.44%；中型企业 84 个，占 31.23%；小型企业 52 个，占样本的 19.33%，如图2—3 所示。可以看出，在调研样本中，大型企业较多，占整个样本的一半。

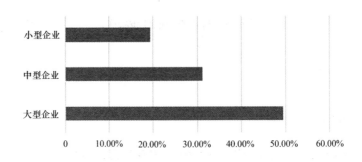

图 2—3 样本企业的规模构成分析

第二节 企业参与职业教育的基本现状分析

一 企业的经费分配及人才结构还需调整

在本研究中，我们对企业职工教育经费和研发经费也做了调

研，发现企业职工教育经费并不高，占工资总额的比重较低。如图
2—4 所示，近 1/3 的企业职工教育经费占工资总额的 1%—2%，
其次是职工教育经费占工资总额 1% 以下的企业占 25.69%。与此
相比，企业研发经费较高，近 40% 的企业将营业收入的 5%—10%
作为企业的研发经费，甚至有 15.6% 的企业研发经费占到了营业收
入的 15% 以上，如图 2—5 所示。可见，相对于职工培训，企业更
注重产品的研发和升级。

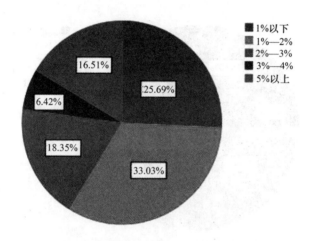

图 2—4　职工教育经费占工资总额的比重

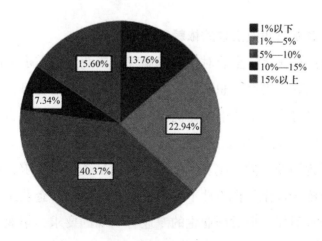

图 2—5　企业研发经费占营业收入的比重

　　为了更深入了解调研企业的情况，我们对各企业目前高素质技能人才所占的比重进行了统计。在调研企业中，有44.04%的企业目前5%—20%的员工为高素质技能人才，其次22.94%的企业拥有20%—35%的高素质技能人才，拥有50%高素质技能人才的企业并不多，占样本总数的15.6%（见图2—6）。从总体上看，各企业都储备了一定数量的高素质技能人才，但数量并不可观，还需要继续引进和培养。

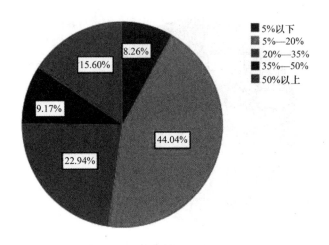

图2—6　企业高素质技能人才占比

二　企业对职业院校的依赖度有待提高

　　调查数据显示，企业对本地职业院校毕业生的需求不高。从员工的来源上看，当地的职业院校的毕业生并不占据优势，企业每年新进员工来自本地毕业生的比例占25%以下的企业将近占到了整个样本的80%，而75%以上的企业只占到了1.8%左右（见图2—7）。这也说明职业院校培养的学生不能满足企业的需求，成为导致企业参与校企合作的积极性不高的一个重要原因。企业虽对本地毕业生的需求不高，但对毕业生的专业有明确的要求，毕业生从事的岗位与其专业的对口率较高。从图2—8中可以看出，新进员工所从事的岗位与其专业对口率在 50%—75% 的企业最多，达到 34.9%，其次是对口率在 25%—50% 的企业，占 22.9%。

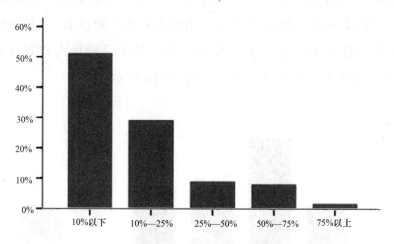

图2—7　企业新进员工来自本地毕业生的比例

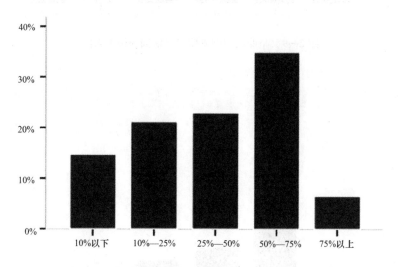

图2—8　企业新进员工所从事的岗位与其专业对口率

从企业员工的培训方式上来看，在调研的样本中，75.2% 的企业有自己的培训机构，但从总体上看无论是依托企业自身的培训机构还是依托职业院校，培训的员工人数并不多。如图 2—9 所示，依托自己的培训机构培训的员工人数在 500 人以下的企业最多，为 29.4%，其次是培训人数在 1000—5000 人之间的企业与培训人数在 5000 人以上的企业，比例均在 20% 左右。与此相比，依托职业院校进行培训的人数不容乐观。培训人数在 500 人以下的企业最多，占总样本的一半以上，为 56.9%；其次是培训人数在 500—1000 人的企业，占到 16.5%，如图 2—10 所示。

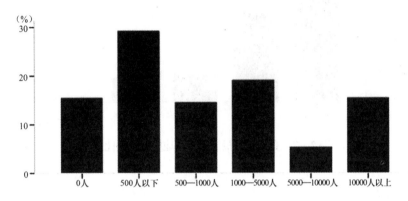

图 2—9 企业的培训机构每年培训的员工人次

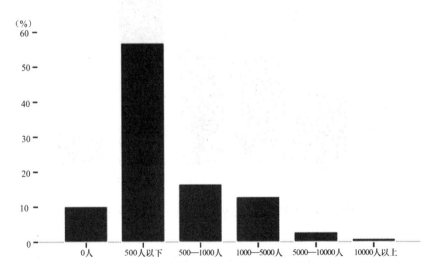

图 2—10 企业依托职业院校每年培训的员工人次

三　企业对职业院校的支持力度欠缺

从师资上来看，有近12%的企业并没有选派技术人员到职业院校进行指导。除此之外，每年选派技术人员到职业院校进行指导的人数在20人以下的企业最多，高达55.05%。相比较而言，企业每年接受职业学校的教师到企业进行实践的状况更糟，完全不接受教师实践的企业竟占总样本的近30%，接受50人以下的占比居然高达60%，如图2—11、图2—12所示。

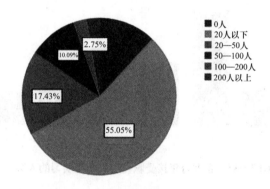

图2—11　企业每年选派技术人员到职业院校进行指导的人数

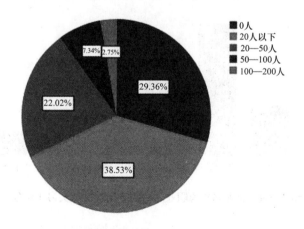

图2—12　企业接受职业院校的老师到企业实践的人数

　　从实习生的人数上来看，依据企业规模的不同，接受实习生的人数从 100 人到 1000 人不等，100 人以下、300—500 人的企业居多，分别占 31.21%、21.11%，完全不接受实习生的单位也不在少数，占总样本的 10.10%。而相对于人数来说，提供的实习工位较少，提供 100 个以下工位的企业最多，占整个样本的 33.93%（见图 2—13、图 2—14）。

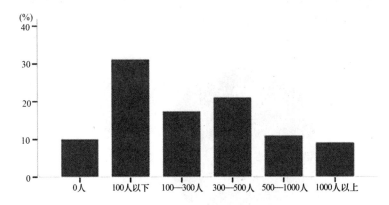

图 2—13　企业每年接受职业院校学生实习的人数

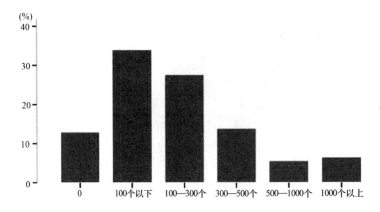

图 2—14　企业每年为职业院校的学生提供的实习工位数

　　从向职业院校投入的相关经费来看，企业对职业院校的支持力度不大。提供 10 万元以下的企业较多，占 32.13%，其次是提供 10

万—100 万元的企业，占总样本的 28.42%。当然有相当一部分企业没有提供任何的经费支持，占到了样本的 17.41%（见图 2—15）。

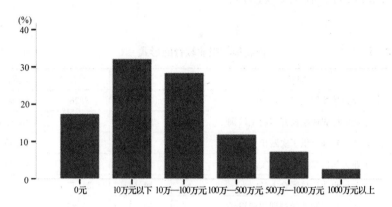

图 2—15　企业向职业院校投入的经费

四　校企合作的形式虽多样，但深度有待提升

企业参与校企合作的方式是多种多样的，涉及教学、实习、就业等方方面面。我们将企业与职业院校的合作方式分为三类，分别为实习实训合作、人才培养合作、共同发展合作，大致分为 17 种，经过调研分析，按照降序排列得到表 2—1 的结果。实习实训包括 1、2、3、4 项内容；人才培养包括 6、7、10、12、13、14、15 项内容；共同发展包括 5、8、9、11、16、17 项内容。从中我们可以发现实习实训排在了第一位，其中有 79.82% 的企业为学校提供实习岗位，半数以上的企业依托职业院校开展员工培训（58.72%）、为学校提供实习实训设备（55.96%）、为教师提供实践机会（56.88%），而只有近 1/3 的企业参与职业学校教材开发（30.28%），与职业院校共建二级学院的企业也只有 27.52%，企业在学校建立生产车间的比例还不足 20%，排在了最后。也就是说，调研样本中绝大多数的企业都会为学校提供实习岗位，而只有极少数的企业在学校建立生产车间。可见，当前的校企合作还停留

在实习实训这一低层次的合作上，真正深入职业教育的深层次合作较少。毕竟低层次的合作成本低、易操作，而深层次的合作需要投入更多的人力、物力、财力。

表2—1　　　　　　　　　企业参与职业教育的形式　　　　　　单位：%

	问题	有	没有	不清楚
1	企业为学校提供了实习岗位	79.82	8.26	11.93
2	企业依托职业院校开展员工培训	58.72	22.94	18.35
3	企业为教师提供了实践机会	56.88	19.27	23.85
4	企业为学校提供了实习实训设备	55.96	24.77	19.27
5	企业与职业学校联合办学	54.13	24.77	21.1
6	企业参与了职业学校课程建设	48.62	23.85	27.52
7	企业为学校提供了兼职教师	44.95	29.36	25.69
8	学校与企业有联合科技攻关合作	43.12	26.61	30.28
9	企业与职业学校共建成职教集团	43.12	32.11	24.77
10	企业参与职业学校技能鉴定和评价	42.2	25.69	32.11
11	企业在职业学校开办了订单班或冠名班	38.53	28.44	33.03
12	企业参与职业学校人才培养标准的制定	36.70	28.44	34.86
13	企业参与了职业学校教学指导委员会	33.03	30.28	36.7
14	企业参与了职业学校专业建设委员会	31.19	26.61	42.2
15	企业参与职业学校教材开发	30.28	34.86	34.86
16	企业与职业学校共建二级学院	27.52	40.37	32.11
17	企业在学校建立了生产车间	18.35	50.46	31.19

（一）职业院校的学生满足了企业一定需求，但质量仍需提高

从整体上来看，在对于愿意雇用的学生类型上，近半数的企业更倾向于雇用重点院校的本科毕业生，高职学生与一般院校本科毕业生的比例相差无几，倾向于雇用高职学生的企业占27.52%，一般院校本科毕业生占25.69%。因为企业岗位很多，不同的岗位有不同的需求。从总体上看，企业对职业院校学生的需求低于对本科

生的需求。

在对于现有岗位人才的主要来源上，不同的岗位呈现出不同的需求。采购员工、销售员工、售后服务员工主要来自企业自己培养和本科生；生产线员工主要来自高职学生和中职学生，比例达到了90%以上；技术研发人员和财会人员主要来自本科生，比例分别占到80.73%和90.83%。职业院校主要培养技能型人才，对应的岗位主要有生产线员工和技术研发人员。从以上的分析，我们可以看出企业更多的是让职业学校的学生从事生产操作类等低技术水平的工作。

在对近3年聘用的职业院校的学生的能力和表现进行评价时，52.29%的企业表示对职业院校学生的表现还算满意，38.53%的企业表示一般，说明职业院校的学生满足了企业的一定需求，但是仍有提升的空间，如图2—16所示。

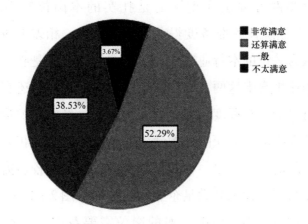

图2—16　企业对近3年聘用的职业院校的学生表现的评价

（二）职业院校毕业生的知识、素质、能力还未达到企业要求的标准

知识、能力和素质是毕业生须具备的基本要素。在评判职业学校学生的能力时主要参照这三个方面的综合表现。在编写问卷时，

每项能力素养对应两次评价，一个是企业认为该项内容在行业领域的重要性，另一个是职业院校毕业生在初入就业职场时其能力素养的准备度。每个题目均采用李克特五点式方法编写，企业根据自己对合作教育的期望和实际感触选择每项内容的重要性或准备度。"非有不可"和"非常足够"记5分，"应该具有"和"还算足够"记4分，"有会更好"和"一般"记3分，"可有可无"和"不太足够"记2分，"完全不需"和"非常不足"记1分。在某一维度上得分越高，说明企业认为该项能力越重要或者学生在该项能力中准备得越好。

在知识这一栏中，经过对调研结果的分析和计算得出，在重要性方面，一定的本行业知识得分最高，为4.348分，说明企业认为一定的本行业知识在行业领域中非常重要，与之相对应职业院校毕业生在该项能力上的准备度得分为2.999分，相差1.349分。除此之外，在重要性方面也受重视的是扎实的本岗位知识，得分为4.092分，职业院校的准备度得分为2.788分，相差1.304分。说明，企业认为一定的本行业知识和本岗位知识应该是必备的，而在职业院校毕业生身上这两方面的知识与企业的期望值还有一定的差距，而对时事的了解程度、相应的法律知识、经济组织管理知识这三方面的掌握程度，职业院校的学生与企业的期望值相差不大，基本满足企业的需求。总之，在知识一栏中，职业院校还需努力提高学生的行业与岗位知识来满足企业的需求（见图2—17）。

在能力这一栏中，根据一般的岗位需要我们分为五项基本能力：岗位相关能力、人际交往与沟通能力、管理能力、解决问题的能力、其他。岗位相关能力包括实际操作能力、技能迁移能力，人际交往与沟通能力包括人际交往能力、表达沟通能力、团队工作能力，解决问题的能力包括逻辑分析能力、发现与解决问题的能力、良好的学习能力，管理能力包括时间管理能力、情绪管理能力、组织管理能力、道德判断能力，最后一项能力为基础计算机操作能力，共13项。

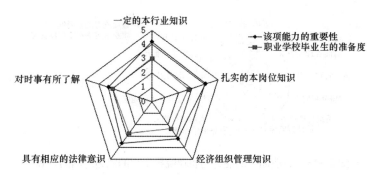

图2—17 企业期望的知识与职业院校学生的知识之间的差异

在调研中，我们发现在重要性方面，实际操作能力得分最高，为4.343分，而职业院校毕业生在该项能力中的准备度得分仅有3.08分，相差1.263分，是所有能力中差距最大的，说明职业院校学生的实践操作能力急需进一步提高。紧随其后的是团队工作能力，企业也非常重视，重要性得分为4.172分，职业院校学生的准备度得分为3.092分，相差1.08分，差距也很大。此外，在重要性方面，发现与解决问题的能力、良好的学习能力、技能迁移能力的得分均在4分以上，而职业院校毕业生在这几方面能力中的准备度与重要性的差距也较大。但同时我们也可以发现在管理能力和基础计算机操作能力方面，职业院校毕业生的准备度与企业认为的重要性之间相差不大。

总之，在能力方面，实际操作能力、技能迁移能力是岗位必需的，也是企业非常重视的能力，但我们可以看出在这两方面职业院校的学生的掌握情况与企业所期望的要求相去甚远，还需进一步提高。发现与解决问题的能力、团队工作能力与良好的学习能力也是毕业生应该具有的能力，但职业院校毕业生在这几方面的能力还有所欠缺。人际交往能力、时间管理能力、基础计算机能力等这些辅助能力，毕业生基本达到了企业的需求（见图2—18）。

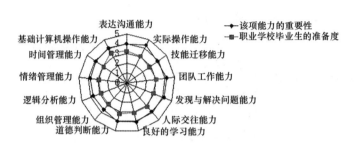

图2—18 企业期望的能力与职业院校学生的能力之间的差异

关于素质这一方面，我们把十种基本素质分为与企业相关的素质、自身的基本素质以及和职业相关的素质。企业相关的素质包括企业文化认同、工作忠诚度，自身的基本素质包括诚信、责任感、自信心、抗压性、进取心，与职业相关的素质包括职业伦理与道德、职业认同与职业态度、对就业职场的基本了解。

经过调研分析，与企业相关的素质和自身的基本素质的重要性得分均在4分以上，其中企业认为重要的且职业院校学生准备最不充分的是责任感，重要性得分为4.325分，准备度得分为3.015分，差距为1.31分，其次是工作忠诚度、抗压性、诚信和企业文化认同。与此相比，与职业相关的素质的重要性和准备度差距不大。

总之，与企业相关的素质和学生自身的基本素质是企业比较重视的，尤其是责任感和抗压性是从事任何一项工作所必需的；职业院校学生的进取心、自信心、诚信需进一步提高；职业伦理与道德、职业认同与职业态度、对就业职场的基本了解这三方面与职业相关的素质是毕业生掌握得最好的，与企业的需求相差较小（见图2—19）。

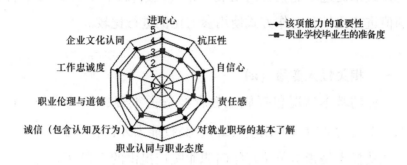

图2—19　企业期望的素质与职业院校学生的素质之间的差异

总之，企业在聘用员工时会综合考虑员工的知识、素质、能力，从上面的图中我们分析了企业比较重视的方面，其中有些是必不可少的，但同时我们也可以发现，毕业生的实际水平与企业预期的有一定差距，尤其是一些与行业、企业密切相关的知识、素质与能力差距甚大，职业院校还需要进一步提高毕业生的质量。

第三节　企业参与职业教育的行为
差异化分析

为了了解不同种类的企业参与职业教育的差异化行为，我们将企业参与职业教育的行为分为相关投入（a）和合作方式（b）两大类。相关投入反映的是企业在量上对职业教育的投入，主要包括企业的基本情况、经费投入、培训、实习实践四个方面。合作方式主要反映的是企业参与职业教育的深入，主要包括实习实训、人才培养、机制与模式的建立三个方面。之所以包括这三个方面是因为在《中国职业教育校企合作年度报告2011》中反映出实习实训依然是目前职业教育校企合作的主要形式，因此在本次调研中我们还是重点关注企业参与实习实训的水平，同时我们期待企业能够逐步深入地参与到职业学校的人才培养过程，并且形成更有效的合作机制与模式来促进职业教育的发展。相关投入使用 SPSS 20.0 软件计算均值进行比较，合作方式使用参与比例进行比较。

一　相关投入变量（a）

企业的基本情况包括职工教育经费占工资总额的比例（a_1）、研发经费占营业收入的比重（a_2）、高技能人才占比（a_3）。

经费投入是指贵单位每年向职业院校提供的经费（a_4）。

培训包括贵单位是否有专门的培训机构（a_5）、培训机构每年培训的员工人次（a_6）、每年依托职业院校培训员工的人次（a_7）。

实习实践包括每年选派技术人员到职业院校指导的人数（a_8）、每年接受职业院校学生实习的人数（a_9）、每年接受教师实践的人数（a_{10}）、为职业院校学生提供的实习工位数（a_{11}）。

二　合作方式（b）

按照我们之前的分类，实习实训包括企业为学校提供实习岗位（b_1）、企业为教师提供了实践机会（b_2）、企业为学校提供了实习实训设备（b_3）、企业为学校提供了兼职老师（b_4）、企业依托职业院校开展员工培训（b_5）。

人才培养包括企业参与了职业学校教育指导委员会（b_6）、企业参与了职业学校专业建设委员会（b_7）、企业参与了职业学校课程建设（b_8）、企业参与职业学校教材开发（b_9）、企业参与职业学校人才培养标准的制定（b_{10}）、企业参与职业学校技能鉴定和评价（b_{11}）。

机制与模式的建立包括企业与职业学校共建职教集团（b_{12}）、企业与职业学校联合办学（b_{13}）、企业与职业学校共建二级学院（b_{14}）、企业在职业学校开办了订单班或冠名班（b_{15}）、学校与企业有联合科技攻关合作（b_{16}）、企业在学校建立了生产车间（b_{17}）。

以上变量的取值有三个：有、没有、不清楚。

（一）不同类型的企业参与职业教育的行为分析

1. 相关投入的比较（a）

企业按类型划分，可以分为国有企业（66个）、合资企业（94个）、民营企业（58个）。图2—20展示了各类型企业对职业教育的相关投入的均值。从总体上看，国有企业投入最多，其次是合资企业，民营企业投入最少。国有企业与合资企业资金比较充裕，技术水平相对比较高，对校企合作有着更高的需求，投入也就相对较高。相比之下，民营企业规模较小、资金单薄、技术水平相对较低，难以对职业学校给予支持。

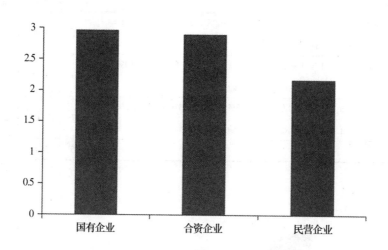

图2—20　不同类型企业对职业教育相关投入的比较

在企业基本情况这一栏中，合资企业在职工教育经费占比、研发经费占比以及高技能人才占比上都是最高的。在职工教育经费占比中，合资企业的投入占工资的3%左右，国有企业为2%，民营企业还不足1%。相比之下，各类型企业在研发经费方面投入更多，合资企业对研发经费的投入占营业总额的5%—10%，其次是国有企业，研发经费投入占营业总额的5%左右。民营企业虽然在研发投入上的经费只达到了1%左右，但是也是投入最多的一方面。说明相比职工教育，各企业更加重视产品的研发，只是能力不同，导致投入的资金量不同。在高技能人才占比这一栏中，合资企业的比例依然是最高的，为30%左右，其次是国有企业为20%，而民营企业高技能人才的占比只有5%（见表2—2）。合资企业比较重视高技能人才的引进，所以对高技能人才的投入也比较多，也就更能吸引高技能人才。

表2—2　　　　　　　　不同类型的企业的基本情况的比较

变量说明		区域均值	国有企业	合资企业	民营企业
企业基本情况	a_1：1＝1%以下，2＝1%—2%，3＝2%—3%，4＝3%—4%，5＝5%以上		2.61	3.06	1.66
	a_2：1＝1%以下，2＝1%—5%，3＝5%—10%，4＝10%—15%，5＝15%以上		3.00	3.26	2.14
	a_3：1＝5%以下，2＝5%—20%，3＝20%—35%，4＝35%—50%，5＝50%以上		2.97	3.09	2.14
均值			2.86	3.14	1.98

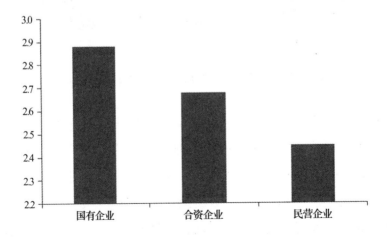

图2—21　不同类型的企业对职业教育经费投入的比较

在向职业院校投入的相关经费方面，国有企业虽然在经费投入上不足 100 万元，但是投入最多的企业，合资企业投入的经费也有几十万元，而民营企业的投入在 10 万元左右。国有企业和合资企业的资金相对充裕，对职业教育的支持力度也就更大（见图 2—21，变量说明：1 = 0 元，2 = 10 万元以下，3 = 10 万—100 万元，4 = 100 万—500 万元，5 = 500 万—1000 万元，6 = 1000 万元以上）。

在对培训支持上，国有企业的力度最大。国有企业中有 87.88% 有专门的培训机构，每年培训的人数为 1000 人左右，每年依托职业院校培训 500 人左右（见表 2—3）。国有企业的人员相对饱和，需要引进的人才数量有限，相对于直接引进人才，国有企业更加重视对现有员工的培训。其次是合资企业，近 80% 的合资企业拥有自己的培训机构，依托培训机构培训的人数在 500—1000 人，但每年依托职业院校培养的人数不足 500 人。民营企业有 50%—60% 有自己的培训机构，依托自己的培训机构培训的人数与依托职业院校培训的人数都不足 500 人。

表 2—3　　不同类型的企业对职业教育培训的投入比较

区域均值	变量说明	国有企业	合资企业	民营企业
培训	a_5：1 = 有，2 = 没有	1.12	1.21	1.45
	a_6：1 = 0 人，2 = 500 人以下，3 = 500—1000 人，4 = 1000—5000 人，5 = 5000—10000 人，6 = 10000 人以上	3.82	3.45	1.97
	a_7：1 = 0 人，2 = 500 人以下，3 = 500—1000 人，4 = 1000—5000 人，5 = 5000—10000 人，6 = 10000 人以上	2.67	2.43	2.21
均值		3.25	2.94	2.09

在实习实训方面，总体上国有企业和合资企业的投入相当。合

资企业对校企合作的依赖程度比较高，虽然投入的资金有限，但是接受的实习生人数比较多，每年接受职业学校实习生的人数有300—500人，与之相比，能提供的工位数较少，为100—300个。国有企业每年接受的实习生人数虽不及合资企业，但与能提供的工位数是相当的，都在100—300个，民营企业能接受的实习生数和提供的工位数都在100个左右。在选派技术人员赴职业学校进行指导的人数上，国有企业投入最多，国有企业每年选派20—50名技术人员对职业院校进行指导。合资企业和民营企业能派出的技术人员还不到20名（见表2—4）。国有企业不仅资金充裕，人才也比较多，能在经费和人力上给职业院校很大的支持。

表2—4　　　不同类型的企业对职业教育实习实践的相关投入比较

区域均值	变量说明	国有企业	合资企业	民营企业
实习实践	a_8：1 = 0 人，2 = 20 人以下，3 = 20—50 人，4 = 50—100 人，5 = 100—200 人，6 = 200 人以上	2.82	2.47	2.00
	a_9：1 = 0 人，2 = 100 人以下，3 = 100—300 人，4 = 300—500 人，5 = 500—1000 人，6 = 1000 人以上	3.30	3.62	2.38
	a_{10}：1 = 0 人，2 = 20 人以下，3 = 20—50 人，4 = 50—100 人，5 = 100—200 人，6 = 200 人以上	2.24	2.34	1.76
	a_{11}：1 = 0 个，2 = 100 个以下，3 = 100—300 个，4 = 300—500 个，5 = 500—1000 个，6 = 1000 个以上	3.03	2.98	2.41
均值		2.85	2.85	2.14

2. 合作方式的比较

图2—22 展示了不同类型的企业在与职业院校合作中选择合作

方式的差异。从整体上来看，选择与职业院校在实习实训方面合作的企业比例最高，达到58.49%；其次，37.58%的企业与职业学校建立了合作机制，36.44%的企业参与了职业院校的人才培养。这充分说明了当前企业与职业院校之间的合作总体上还是处于低层次的。深层次的合作中企业需要花费更多的人力和物力，成本会更高，但是收益不一定会高，所以绝大多数的企业选择了实习实训这一低层次的合作，真正涉及校企合作深层次的合作较少。

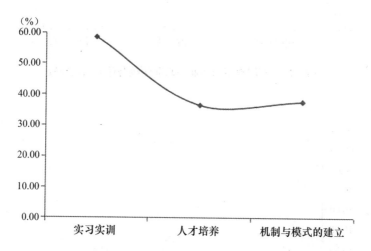

图2—22　不同类型的企业与职业学校合作方式的综合比较

分企业类型来看，与各类型企业对职业教育的相关投入结果不同，合资企业的合作比例最高，其次是民营企业，而相关投入较高的国有企业合作比例反而最低（见图2—23）。这也在情理之中。说明国企对校企合作的需求并不强。国有企业人员编制有限，对新员工的需求较低，再加上国企资金充裕，不需要通过雇用校企合作的学生来降低成本，相比之下，国企更愿意雇用短期工人来满足季节性以及特殊项目的用工需求，所以国企对校企合作的合作层次较低。而合资企业更需要校企合作给他们带来人才和新技术。民营企业需求高，但资金有限，有些合作无法实现，导致合作方式有限。

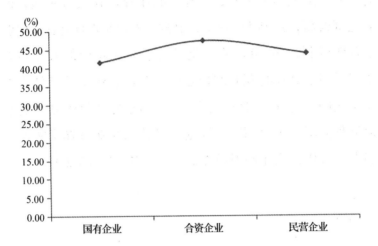

图2—23　不同类型的企业与职业学校合作方式的比较

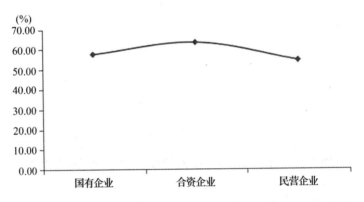

图2—24　各类型企业参与职业学校实习实训的总体情况

　　分不同的内容来看，在实习实训方面，合资企业所占比例最高，其次是国有企业，民营企业最低（见图2—24）。占比最高的变量是企业为学校提供了实习岗位，其中81.82%的国有企业为职业学校的学生提供了实习岗位，合资企业仅次于国有企业，比例为80.85%。相比其他合作内容，提供实习岗位付出的成本最低，所以各类型企业都愿意为学生提供实习岗位。其次，合资企业在依托职业院校开展培训方面所占的比例也不低，有68%的合资企业都依托职业院校开展培训，国有企业和民营企业的比例也超过了 50%。除此之外，国有企业和合资企业在为职业学校提供实习设备方面的比例相当，一方面，国有企业和合资企业没有资金方面的障碍；另一方面，提供实习实训设备也能提高职业院校学生的实践能力。所占比例最低的应该是为职业学校提供兼职老师，比例最高的民营企业为 48%，合资企业为 46%，而国有企业不足 40%（见图 2—25）。

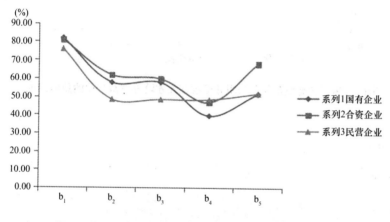

图 2—25　各类型企业在实习实训方面合作情况的比较

在人才培养方面，合资企业比例最高，达到了 40% 以上，其次是民营企业，国有企业占比最低（见图 2—26）。与相关投入的分析基本吻合。合资企业比较注重人才的引进，所以更需要人才培养方面的合作，而国有企业人才充足，需要职业院校满足短暂的用工需求，对职业学校学生的要求不高，所以并不急需人才培养方面的合作。单个因素来看，参与职业学校课程建设的比例最高，在这方面各类型企业基本达成了一致。一半以上的合资企业参与了职业学校的课程建设，民营企业的比例也达到了 48%，而国有企业为 42%。其次，在职业学校技能的鉴定和评价方面，各类型企业参与的比例较高。除此之外，合资企业也比较注重职业学校的专业建设，40% 的企业参与了职业学校的专业建设委员会。而国有企业和民营企业在这方面的参与比例最低，分别为21%和27%（见图2—27）。

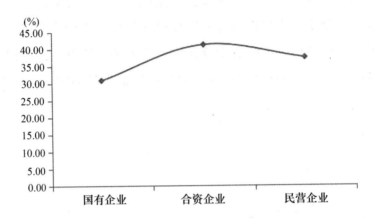

图2—26　各类型企业在与职业学校在人才培养方面合作的总体情况

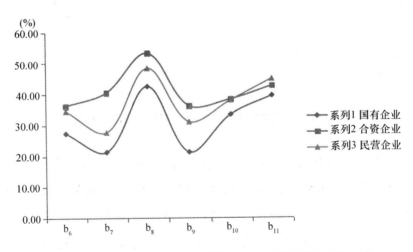

图2—27　各类型企业在与职业学校在人才培养方面合作的比较

在机制与模式的建立方面，民营企业参与比例最高，其次是合资企业，国有企业合作比例最低（见图2—28）。在比例最高和最低的因素上，各类型企业基本相同。在与职业学校联合办学方面合作比例最高，各类型企业相差无几，都在55%左右。合作比例最低的是在学校建立生产车间。建立生产车间需要人力、物力和财力，需要很大的投入，风险比较大，所以各类型企业不愿意在职业学校建立生产车间。在其他方面的合作上，各类型企业并不一致，国有企业在与职业学校联合科技攻关的合作较多，有一半的国有企业与职业学校有联合技术攻关。合资企业和民营企业在这方面的参与比例虽不及国有企业，但也都在40%左右。说明人才和科学技术是各类型企业与职业学校合作的最根本的动力。除此之外，近一半的合资企业与职业学校共建成职教集团。而民营企业更愿意在职业学校开办订单班或冠名班。

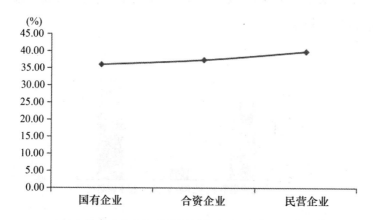

图2—28　各类型企业在与职业学校建立合作机制与模式的总体情况

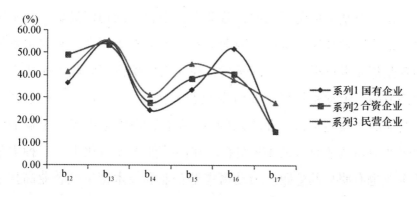

图2—29　各类型企业在与职业学校建立合作机制与模式的比较

（二）不同属性的企业参与职业教育的行为分析

1. 相关投入的比较

我们将企业按照属性分类分成了劳动密集型（104 个）、资本密集型（12 个）、技术密集型（102 个）三类，并对三类企业对职业学校的相关投入总体情况做了比较，如图 2—30 所示。从整体上来看，技术密集型企业的投入最多，均值为 2.86，其次是劳动密集型企业，资本密集型企业投入最少。技术密集型企业希望通过校企合作能够为企业带来新的技术，劳动密集型企业希望通过与职业学校的合作为企业培养合适的员工，所以对职业学校的投入相对较多。资本密集型企业追求资本积累，对职业学校的依赖程度不高，投入也就相对较少。

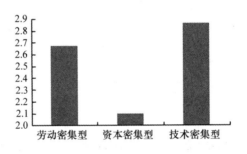

图 2—30　不同属性的企业对职业教育相关投入的总体情况

在企业基本情况一栏中，劳动密集型企业的均值最高，技术密集型企业紧随其后。从单个因素来看，劳动密集型企业和技术密集型企业都非常重视新产品的研发，在研发经费占营业收入的比重上比例最高。劳动密集型企业研发经费占比在 5%—10%，技术密集型企业的研发经费占营业收入的 5% 左右，而资本密集型企业的研发经费只占营业收入的 1% 左右。在高技能人才占比上，三种类型的企业也有明显的差距。劳动密集型企业和技术密集型企业高技能人才占比在 20% 左右，资本密集型企业中只有 5% 左右是高技能人才。在职工教育经费方面，三种不同类型企业比较一致，职业教育经费占工资总额的 2% 左右（见表 2—5）。劳动密集型企业和技术密集型企业追求技术和人才的同步发展，资本密集型企业更加重视对现有员工的教育。

表 2—5　　　　　　　　　**不同属性的企业的基本情况**

区域均值	变量说明	劳动密集型	资本密集型	技术密集型
企业基本情况	a_1：1 = 1% 以下，2 = 1%—2%，3 = 2%—3%，4 = 3%—4%，5 = 5% 以上	2.62	2.50	2.49
	a_2：1 = 1% 以下，2 = 1%—5%，3 = 5%—10%，4 = 10%—15%，5 = 15% 以上	3.08	1.83	2.80
	a_3：1 = 5% 以下，2 = 5%—20%，3 = 20%—35%，4 = 35%—50%，5 = 50% 以上	2.88	2.17	2.78
	均值	2.86	2.17	2.69

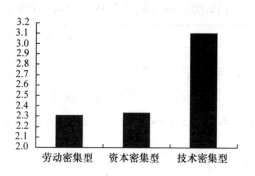

图 2—31　不同属性的企业对职业教育经费投入的比较

在相关经费投入方面，技术密集型企业投入水平最高，在 10 万—100 万元不等，而劳动密集型企业和资本密集型企业的投入经费不足 10 万元。技术密集型企业想要通过与职业学校的合作获得先进的技术，但是先进技术的引进比起人才的引进来说需要投入更多的资金，引进先进的设备，才能得到先进的技术，所以技术密集型企业需要投入的经费更多（见图 2—31，变量说明：1 = 0 元，2 = 10 万元以下，3 = 10 万—100 万元，4 = 100 万—500 万元，5 = 500 万—1000 万元，6 = 1000 万元以上）。

在相关培训投入上，劳动密集型企业与技术密集型企业保持同步。近 80% 的劳动密集型企业和技术密集型企业拥有自己的员工培训机构，而只有 33% 左右的资本密集型企业建立了自己的员工培训机构。在培训人数上，三种类型的企业依托自己的员工培训机构培训的人数比依托职业学校培训的人数要多，尤其是劳动密集型企业和技术密集型企业，依托自己的员工培训机构培训的人数在 500—1000 人，而依托职业学校培训的人数可能还不到 500人。资本密集型企业无论是依托自己的员工培训机构还是依托职业学校培训的人数都不足 500 人，对职业学校的依赖程度明显不高（见表 2—6）。

表 2—6　　　　　　　　不同属性的企业对职业教育培训投入的比较

变量说明		区域均值 劳动密集型	资本密集型	技术密集型
培训	a₅: 1 = 有，2 = 没有	1.21	1.67	1.24
	a₆: 1 = 0 人，2 = 500 人以下，3 = 500—1000 人，4 = 1000—5000 人，5 = 5000—10000 人，6 = 10000 人以上	3.35	1.83	3.14
	a₇: 1 = 0 人，2 = 500 人以下，3 = 500—1000 人，4 = 1000—5000 人，5 = 5000—10000 人，6 = 10000 人以上	2.38	2.00	2.55
均值		2.87	1.92	2.85

在实习实践方面，技术密集型企业的均值最高，投入最多，资本密集型企业投入最少，劳动密集型企业位于二者之间。从单个因素来看，投入最多的还是接受职业学校的学生实习的人数，劳动密

集型企业和技术密集型企业接受的人数在100—300人，能够提供的实习工位数也超过了100个，实习人数略多于实习工位，实习生基本没有选择的空间。而资本密集型企业正好与之相反，提供的实习工位数略高于接受实习生的人数，给了实习生更大的选择空间。三种类型的企业接受职业学校教师来实践的人数普遍不高，都在20人左右（见表2—7）。教师实践需要的成本可能会更高，需要企业付出更多的人力和物力，所以企业对这方面的投入不高。

表2—7　　　　　不同属性的企业对职业教育实习实践投入的比较

变量说明	区域均值	劳动密集型	资本密集型	技术密集型
实习实践	a_8：1＝0人，2＝20人以下，3＝20—50人，4＝50—100人，5＝100—200人，6＝200人以上	2.19	1.83	2.78
	a_9：1＝0人，2＝100人以下，3＝100—300人，4＝300—500人，5＝500—1000人，6＝1000人以上	3.38	1.83	3.16
	a_{10}：1＝0人，2＝20人以下，3＝20—50人，4＝50—100人，5＝100—200人，6＝200人以上	2.04	2.00	2.29
	a_{11}：1＝0个，2＝100个以下，3＝100—300个，4＝300—500个，5＝500—1000个，6＝1000个以上	2.85	2.17	2.92
均值		2.62	1.96	2.79

2. 合作方式的比较

在合作方式的选择上，各类型的企业差异较大。从整体上来看，与前两种分类企业所得出的结果有所不同，合作比例最高的依然是实习实训方面，其次是机制与模式方面的合作，比例略高于人才培养方面的合作（见图2—32）。技术密集型企业与总体情况并不一致，合作比例最高的是实习实训，其次是人才培养，最后是机制与模式。这与技术密集型企业的属性有很大的关系（见图 2—33）。正如前文所言，技术密集型希望能从校企合作中获得先进的技术，培养员工的技术水平，所以对于技术密集型企业而言，人才培养更重要。

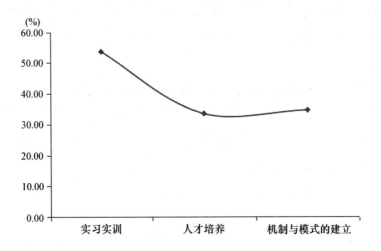

图 2—32　不同属性的企业与职业学校合作的总体情况

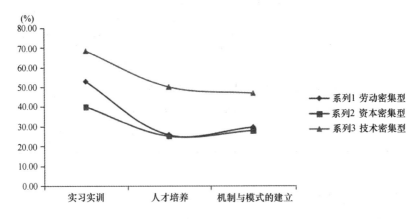

图 2—33　不同属性的企业与职业学校合作的比较

从企业类型看，技术密集型企业在各合作层次上的比例都是最高的，远远超过劳动密集型企业和资本密集型企业，尤其是在人才培养和机制与模式方面（见图2—33）。说明技术密集型企业对职业学校的依赖度最高。技术密集型企业不仅需要技术的升级，也需要拥有先进科技的人才，所以更需要与职业学校进行合作。相比之下，劳动密集型企业和资本密集型企业对校企合作的需求并没有那么高。

在实习实训方面，为职业学校提供了实习岗位依然是合作比例最高的，占比最高的技术密集型企业，有88%为职业学校提供了实习岗位，其次是资本密集型企业，占比83%，71%的劳动密集型企业为职业学校提供了实习岗位。比例最低的依然是为职业学校提供兼职教师，只有16.67%的资本密集型企业为职业学校提供兼职教师（见图2—34）。

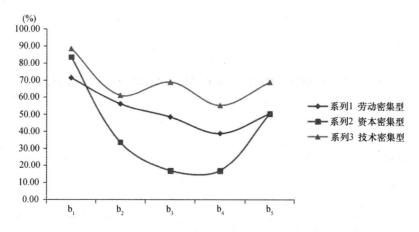

图2—34　不同属性的企业在与职业学校实习实训方面合作的比较

在人才培养方面，比例最高的技术密集型企业有一半的企业与职业学校有人才培养方面的合作，相比之下，劳动密集型企业和资本密集型企业的比例只有25%。从图2—35中可以看到，参与比例最高的是职业学校的课程建设，技术密集型企业的比例为68.63%，资本密集型企业中有50%的企业参与了职业学校的课程建设，劳动密集型企业的比例最低，只有28.85%。参与比例最低的因素，各

类型企业有所不同。技术密集型企业参与职业学校教学指导委员会
的比例最低，为41%；劳动密集型企业参与职业学校教材开发的比
例最低，只有15%；没有资本密集型企业愿意参与职业学校专业建
设委员会。

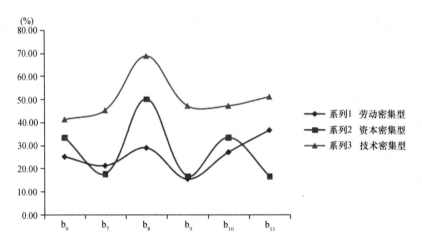

图2—35 不同属性的企业在与职业学校在人才培养方面合作的比较

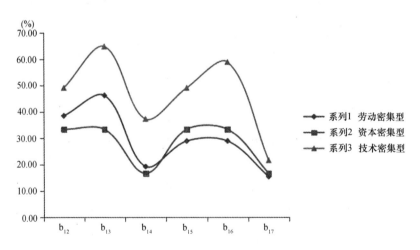

图2—36 不同属性的企业在与职业学校建立合作机制与模式的比较

在机制与模式的建立方面，依然是技术密集型的企业所占比例

最高，远远超过了资本密集型企业和劳动密集型企业。单个因素进行比较与之前的分析结果也基本一致，与职业学校联合办学的企业最多，在职业学校建立生产车间的企业最少（见图2—36）。

（三）不同规模的企业参与职业教育的行为分析

1. 相关投入的比较

被调研企业按规模划分可以分为小型企业（34个）、中型企业（46个）和大型企业（138个）。从整体上来看，企业对职业教育的投入与企业的规模是成正比的，企业的规模越大，对职业教育的投入越多。大型企业对职业教育的投入最多，对小型企业投入的最少（见图2—37）。因为企业的规模越大，资金越充裕，需要的人才也就越多，对校企合作的需求也就更强烈。

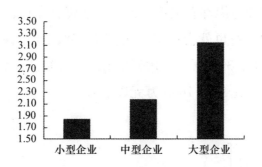

图2—37　不同规模的企业对职业教育相关投入的总体情况

在企业的基本情况中，高技能人才占比最高，大型企业高技能人才在20%—35%，中型企业的比例也超过了20%，小型企业有5%—20%为高技能人才。其次是研发经费的比例，投入最多的大型企业研发经费占营业收入的10%左右，中型企业研发经费的比例为5%，小型企业研发经费在1%—5%。相比之下，职业教育经费的比例最低（见表2—8）。说明不管什么规模的企业，他们最重视的是人才的引进，其次是新产品的研发。

表2—8 不同规模企业的基本情况

变量说明	区域均值	小型企业	中型企业	大型企业
企业基本情况	a_1: 1 = 1%以下, 2 = 1%—2%, 3 = 2%—3%, 4 = 3%—4%, 5 = 5%以上	1.47	2.17	2.94
	a_2: 1 = 1%以下, 2 = 1%—5%, 3 = 5%—10%, 4 = 10%—15%, 5 = 15%以上	1.88	2.52	3.25
	a_3: 1 = 5%以下, 2 = 5%—20%, 3 = 20%—35%, 4 = 35%—50%, 5 = 50%以上	2.00	2.83	2.99
均值		1.78	2.51	3.06

在经费投入方面，大型企业投入最多，在10万—100万元，中型企业和小型企业的投入相差不多，都在10万元左右。经费投入与企业的能力和意愿都有关系，大型企业资金充裕，合作意愿比较强烈，投入的经费也就会更多（见图2—38，变量说明：1 = 0元，2 = 10万元以下，3 = 10万—100万元，4 = 100万—500万元，5 = 500万—1000万元，6 = 1000万元以上）。

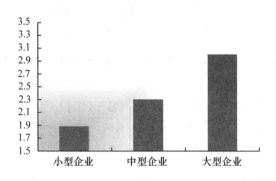

图2—38 不同规模的企业对职业教育经费投入的比较

在培训方面的投入，90%的大型企业都有自己的员工培训机构，一半的中型企业有自己的培训机构，只有近47%的小型企业有专门的员工培训机构。在培训的人数上，大型企业和小型企业依托公司的培训机构培训人数要比依托职业学校培训的人数要多，尤其是大型企业。大型企业依托公司的员工培训机构培训的人数在1000—5000人，而依托职业学校培训的人数只有500人左右。值得注意的是，中型企业的情况与大型企业正好相反，中型企业依托职业学校培训的人数超过了500人，依托公司的培训机构培训的人数不足500人（见表2—9）。因为被调研的中型企业中只有一半有自己的员工培训机构，但需要接受培训的人并不少，所以更多的只能是依托职业学校培训员工。

表2—9　　　　　　不同规模的企业参与职业教育培训的比较

变量说明	区域均值	小型企业	中型企业	大型企业
培训	a_5：1＝有，2＝没有	1.53	1.48	1.10
	a_6：1＝0人，2＝500人以下，3＝500—1000人，4＝1000—5000人，5＝5000—10000人，6＝10000人以上	2.06	1.70	3.93
	a_7：1＝0人，2＝500人以下，3＝500—1000人，4＝1000—5000人，5＝5000—10000人，6＝10000人以上	1.71	2.30	2.67
均值		1.89	2.00	3.30

在实习实训方面，大型企业和中型企业接受职业学校学生实习的人数比提供的工位数要多。大型企业接受的实习生数为300人，但提供的工位不足300个。中型企业能接受的实习生数超过100人，但提供的工位数不足100个。而小型企业的情况正好与中型企业相反（见表2—10）。因为企业规模越大，需要的人越多，但是工位数是有限的。而规模小的公司能容纳的人有限，有限的人对应的工位数相对较多。

表 2—10　　　　不同规模的企业对职业教育实习实践投入的比较

变量说明	区域均值	小型企业	中型企业	大型企业
实习实践	a_8：1 = 0 人，2 = 20 人以下，3 = 20—50 人，4 = 50—100 人，5 = 100—200 人，6 = 200 人以上	1.71	2.04	2.77
	a_9：1 = 0 人，2 = 100 人以下，3 = 100—300 人，4 = 300—500 人，5 = 500—1000 人，6 = 1000 人以上	1.82	2.26	3.84
	a_{10}：1 = 0 人，2 = 20 人以下，3 = 20—50 人，4 = 50—100 人，5 = 100—200 人，6 = 200 人以上	1.65	1.78	2.41
	a_{11}：1 = 0 个，2 = 100 个以下，3 = 100—300 个，4 = 300—500 个，5 = 500—1000 个，6 = 1000 个以上	2.24	1.91	3.30
均值		1.86	2.00	3.08

2. 合作方式的比较

不同规模的企业选择与职业学校合作的方式也有所不同。从整体上来看，实习实训的合作比例最高，人才培养和机制与模式的比例相当，机制与模式的比例略高于人才培养（见图 2—39）。小型企业与整体趋势是一致的，中型企业和大型企业在人才培养上的比例要超过机制与模式上的合作比例（见图 2—40）。原因可能是小型企业规模小，对职业学校的投入有限，为了与职业学校合作，小型企业必须选择对企业和学校都有益处的合作方式，这样职业学校才会愿意为小型企业培养人才。

从类型来看，大型企业与职业学校在三方面合作的比例最高，其次是中型企业，合作比例最低的为小型企业（见图 2—40）。大型企业实力雄厚，为职业学校投入的最多，希望能与职业学校有更多的合作，培养更多的人才。

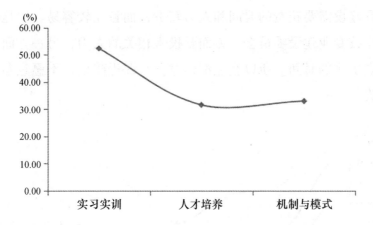

图2—39　不同规模的企业与职业学校合作的总体情况

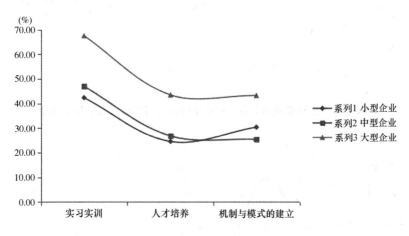

图2—40　不同规模的企业与职业学校合作方式的比较

在实习实训方面，合作比例最高的依然是为学校提供实习岗位，合作比例最低的方式，三种类型的企业有所不同。中型企业和大型企业最不愿意为职业学校提供兼职教师，比例分别为30%和51%。小型企业最不愿意为职业学校的教师提供实践机会，合作比例只有29%（见图2—41）。

在人才培养方面，三种企业都愿意参与职业学校的课程建设，都不愿意参与职业学校专业建设委员会（见图2—42）。原因可能是课程建设需要花费的时间和人力较少，而且比较容易。但是参与职业学校专业建设委员会一方面要投入相关的人力，另一方面还需要花费更多的时间。所以企业都愿意参与课程建设，不愿意参与专业建设。

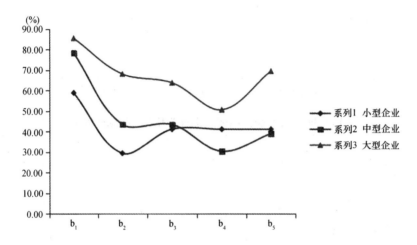

图2—41　不同规模的企业与职业学校在实习实训方面合作的比较

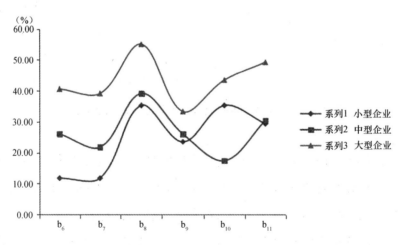

图2—42　不同规模的企业在与职业学校人才培养方面合作情况的比较

在合作机制与模式的建立方面，与职业学校联合办学和组建职教集团的企业比例比较高，在职业学校建立生产车间的企业所占比例比较少（见图 2—43）。与前三种类型企业合作方式分析的结果完全一致。

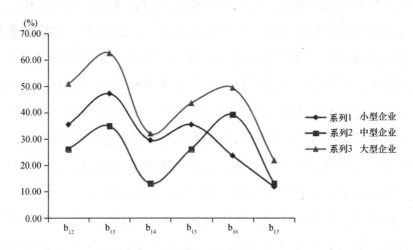

图 2—43　不同规模的企业与职业学校建立合作机制与模式的比较

第四节　企业参与职业教育行为的总体特征

综合上述分析，我们可以对企业参与职业教育的基本现状得出以下结论：

一　企业参与校企合作的理念已经得到广泛认同，但水平不高

经过不断发展和完善，校企合作的观念渐渐深入人心，逐渐成为高技能人才培养的重要形式。校企合作的形式和内容日渐丰富，从实习实训逐步拓展到共同设置专业、共同开发课程、联合科技攻关等内容，职业教育校企合作的内涵不断深入。

但是从整体看，当前我国企业参与职业教育的积极性并不高，校企合作还处于相对比较低的水平。虽然企业的高技能人才占比总体上并不高，但是企业好像并没有把希望投注在职业教育上，新员工大多是从外地引进，对职业学校的依赖度不高。而且多数企业都依赖自己的员工培训机构对员工进行培训，少数企业由职业学校来完成对员工技能的培训。虽然合作形式和内容逐渐多样，但还是以实习实训为主要形式和内容。调研结果显示，目前绝大多数企业与职业院校的合作仍只停留在实习实训上，师资、岗位和经费的支持力度较小，可以说，在很大程度上，企业参与校企合作的目的还仅仅局限于获得低成本的人力资源，降低人力成本的需求。对于深度参与到职业院校办学过程，参与职业院校专业设置、课程开发、教材开发，不断提升职业院校人才适合企业需求的能力，进而提升企业人员技能水平，获得竞争优势的需求动机明显不足。

随着职业院校办学形式的多样化，教学内容的丰富，学生获得的知识、能力和素质在不断提高，有些甚至已经超过了企业的预期。但同时我们也应该意识到毕业生所掌握的核心知识尤其是与企业、行业相关的知识、能力、素质，还远远没有达到企业的标准，导致企业对职业院校的毕业生评价不高，认为他们不能胜任企业所提供的工作，所以更倾向于雇用本科生，因此也导致企业对职业院校的依赖度不高、投入度偏低、校企合作动力不足等问题。

二 企业参与职业教育的行为具有明显的差异性

企业对职业教育的相关投入总体上偏低，而且不同类型的企业投资倾向有所差别，投资力度也大有不同。从合作方式上来看，总体上还是以实习实训为主，合作的深度不足。

从企业所属的类型角度分析，国有企业对职业教育的总投入最多，其次是合资企业，相对而言，民营企业投入得最少。这是因为合资企业、国有企业技术水平相对较高，资金充裕，有能力为职业学校提供各方面的支持，所以对职业教育的投入更多，而民营企业自身实力较弱，成本承担能力有限，所以对职业学校的相关投入不多。从单个因素来看，国有企业在经费投入、选派到职业学校的技术人员的数量以及依托职业学校培训的人数都是最多的，但是合资企业接受职业学校学生的实习人数最多。而在与职业学校的具体合作行为上，除了实习实训方面，国有企业在其他两方面的参与程度都很低，还不及民营企业，这是因为国有企业人员编制有限，再加上政府政策的大力扶植，对校企合作的需求不高，导致参与校企合作的企业不多。在实习实训方面，国有企业在提供实习岗位的同时也愿意为职业学校提供实训设备，而民营企业和合资企业更愿意依托职业学校开展员工培训。人才培养方面，各类型企业在职业学校的课程建设、职业学校学生的技能鉴定和人才培养标准的制定上参与的积极性较高。在职业学校的课程建设上，合资企业参与的积极性高，但是国有企业和民营企业的意愿不强。在合作机制方面，总体上民营企业参与的程度要高于合资企业和国有企业，在具体的机制上，国有企业愿意与职业学校联合技术攻关，合资企业与职业学校共建职教集团的积极性更高，而民营企业更愿意与职业学校开办订单班或冠名班。

从企业的属性角度分析，技术密集型企业对技术有很高的追求，希望能通过与职业学校的合作促进技术的更新，对校企合作的依赖度较高，所以对职业学校各方面的投入最多。其次，劳动密集型企业需要从校企合作中获得低成本的劳动力，对职业教育的投入也相对比较高。相比之下，资本密集型企业对校企合作并没有很高的热情。具体来看，技术密集型企业和劳动密集型企业在接受实习生的人数、提供的实习工位数、接受的实践教师的数量以及依托职业学校培训员工的人数上基本一致，只是在经费投入上，技术密集型企业要远远高于劳动密集型企业。在合作方式的选择上，各类型企业均在实习实践方面的参与程度最高，其次是机制上的合作，最后是参与职业学校的人才培养过程。但是由于对先进技术的追求，技术密集型企业在职业学校的课程建设、教材开发、人才培养标准的制定等人才培养过程的参与以及共建职教集团、共同办学等机制上的合作程度要远远高于劳动密集型企业和资本密集型企业。

从企业的规模角度分析，企业对职业教育投入的比例、与职业学校合作的深度与企业的规模成正比，企业的规模越大，对职业教育的投入越多，合作也就更深入，这是因为企业的规模足够大，资金足够充足时，其培训成本承受能力更强，技能培训规模效益更加显著，所以更愿意参与职业教育。因此，大规模企业对职业教育的投入比中小型企业多，合作更深入。

因此，可以看出，不同类型企业参与职业教育的行为有着显著性的差异，企业参与职业教育具有行为差异化的特征。

第三章

技能偏好性技术进步与技能
内生性分析

第一节 技能偏好性技术进步分析

一 技术进步理论概述

关于"技术进步"的定义，经济理论界并没有达成完全的一致。20世纪80年代初，以丹尼森和乔根森等为代表的新古典经济增长理论将技术进步因素定义为外生变量，他们认为，在企业生产中，"技术"作为一种特殊的投入和普通生产要素如劳动、资本不同，具有非竞争性和一定程度的排他性，通过引入这一因素来修正总量生产函数以解释经济增长的动力问题，然而技术进步因素作为外生变量的引入某种层面上限定了技术进步与资本、劳动等生产要素间不可替代的关系，加之资本、劳动等生产要素均存在边际收益递减规律，使新古典经济增长理论无从解析经济的长期持续增长问题。而80年代中期出现的以保罗和卢卡斯为代表的新经济增长理论（又称技术进步理论）在完善了索洛"全要素生产率"理论的基础上弥补了新古典经济增长理论的缺陷，它通过导入包含人力资本在内的广义资本概念，直接将技术进步因素内生化，认为"技术进步"可以是生产函数中任何要素或形式的变化，这种假设既克服了之前理论的缺失，也缓解了资本边际收益递减，并且有效解释了实现经济长期持续增长的动力机制问题①。技术进步的类型可以根据不同的生产要素进行分类，希克斯曾指出在相对于资本边际产品而言的情况下，创新后劳动的边际产品增加了，属于劳动密集型技术进步；如果相对于劳动的边际产品而言，创新后资本的边际产品增加，则属于资本密集型技术进步②。

二 技能偏好性技术进步分析

在政治经济学家看来，技能意味着经济收益，技能的获得和投资被看成是"增长的引擎"③（Acemoglu and Pischke，1999），对"国家增长绩效具有绝对的核心作用"④（Booth and Snower，1996）。因此，技能与技术进步之间并不是孤立无关的，而是有着密切的联系。从技能与技术进步的关系看，技能是技术进步的基础，技术进步显示出明显的技能偏好性。即技术创新的累积使技术的边际生产率大幅提高，人力资本技能性特征显著。而技能的发展和进步又在企业扩大收益、提高绩效的过程中发挥着重要作用，技能偏好型的技术进步不仅可以改变企业自身的运营模式，也可以通过提高企业对高技能劳动力的需求来提高企业的边际生产效率，进而提高经济的长期增长率。

但是值得注意的是技能偏好型技术进步所产生的影响并不是在所有时期都是积极有利的，在各国政策环境或市场经济不同的

---

① 肖耀球：《技术进步理论的形成与发展》，《企业家天地》2005年第8期。

② 李冰：《"技能偏好型"技术进步与就业》，《重庆交通大学学报》（社会科学版）2009年第9期。

③ Acemoglu, Pischke, J. S., Beyond Becker：Training in imperfect labour markets［J］. Economic Journal, 1999, 109：112–142.

④ Booth, Alison L., Dennis J. Snower. Acquiring Skills：Market failures, their symptoms and policy response［M］. London：Center for Economic Policy Research, 1996.

情况下，技能偏好型技术进步发挥的作用和效应也有所差异。例如在 20 世纪 70 年代至 90 年代由于技术技能快速的更新换代，导致欧洲大陆国家大量的传统非技能或低技能型工人失业，而同时期在美国则出现了短期内技能溢价上升或工资不平等程度加大的现象①。与此同时我国的社会经济发展至今，技术进步也显现出明显的技能偏好性，伴随技能溢价在近年来呈逐年上升趋势，其具体表现为高学历劳动力或高素质技能人才的就业比例稳步提高，此外受教育程度成为导致我国劳动力收入差异的重要原因，教育收益率近年来出现明显上升趋势，而且这种上升趋势在不同行业之间存在差异且差异在不断扩大。随着技术变化程度的不断加大，技术进步对人力资本结构分化的影响逐渐显现出来，即高技能人才和低技能人才在受教育水平、职业能力及个人素质等方面的差异会更加明显，人力资本非同质性更为突出。而技能人才的分化反过来会促进技术进步的发展，从而使技能偏向性的特征随着技术的不断发展而增强。

另外，技术和技能之间的关系并不是固定不变的，而是呈现替代或者互补的关系②。在工业化初期，技术与资本、资本与技能工人就表现出替代关系。工业革命初期，先进技术的引进，使经济发展水平有了大幅度提高，随之而来的是日益增长的消费需求，而手工作坊的生产量已经不能满足人们的消费需求，于是机械化大生产就出现了，机械化大生产生产产品时只需要雇用简单劳动力就可以完成手工匠的所有任务，而且效率也大大提高了，这样分工替代了产品手工艺者的整体生

---

① 许志成、闫佳：《技能偏向型技术进步必然加剧工资不平等吗》，《经济评论》2011 年第 3 期。

② 陆雪琴、文雁兵：《偏向型技术进步、技能结构与溢价逆转——基于中国省级面板数据的经验研究》，《中国工业经济》2013 年第 10 期。

产，渐渐地手工作坊逐渐地被机械化加工厂所替代①。到了 20 世纪下半叶，尤其是在 1970 年之后，随着科学技术的不断进步，使包含前沿技术的设备资本品投资大规模增长，高低技能劳动力的需求出现分化，高技能型劳动力质量更高，对新环境适应更快，边际生产率更高，使劳动力市场对高技能型劳动力需求增加，对低技能劳动力需求降低②。同时随着教育的发展和知识经验的不断积累，高技能劳动力供给也不断增加，技术对技能的替代性不断下降，逐渐表现为互补关系。技能需求呈现出与人力资本和技术进步同步增长的趋势③。技术普遍表现为技能偏好型。

技能偏好型技术进步不仅使高技能劳动力所占的就业比重不断扩大，而且收入也远远高于低技能劳动力，高低技能劳动力出现了收入不平等的现象，即技能溢价。技能偏好型技术进步通过侵蚀效应和市场规模效应影响技能溢价。Galor 和 Moav（2000）指出新技术会对个人的人力资本水平产生"侵蚀效应"④。技术进步需要引进新的设备，旧的设备和技术就要被替代，劳动者需要花费时间来学习新技术。受过高等教育的人学习新技能的能力强，腐蚀效应非常小，而未受过高等教育的劳动力对新环境的适应能力较差，腐蚀效应大，技术进步使高低技能劳动力的有效劳动差距扩大，因此企业更愿意雇用受教育程度高、技术水平高的劳动力，对未受过高等教育且技能水平低的劳动力需求下降，这就逐渐扩大了高低技能劳动力收入差距。而市场规模效应指由于高技能劳动力所决定的技术

① 董直庆、蔡啸：《技术进步技能偏向性与技能溢价：一个理论模型和经验解释》，《求是学刊》2013 年第 4 期。

② Acemoglu, D. Technical Change, Inequality and the Labor Market [J]. Journal of Economic Literature, 2002, 40: 7 - 72.

③ Winchester, N. and Greenaway, D. Risingwage. Inequality and Capital Skill Complementarity [J]. Journal of Policy Modeling, 2007, 29 (1): 41 - 54.

④ Galor and Moav, Ability Biased Technological Transition, Wage Inequality and Economic Growth [J]. The Quarterly Journal of Economics, 2000.

变迁，持续增加的高技能劳动力供给将会导致更多的技术创新，而技术创新反过来又增加了对高技能劳动力的需求，这会提高高技能劳动力的工资（Acemoglu，2002）[1]。

从世界各国家的经验来看，大部分国家技能和技术进步呈现互补关系，技术进步呈现出明显的技能偏好性，但是由于各国经济体和资源环境的不同，技能偏好型技术进步的作用效应并不一致。例如，1973—2003 年，欧洲大陆的技能偏好型技术进步使大量的非技能型工人失业，而在美国，技能偏好型技术进步造成了技能溢价或工资不平等现象[2]。在中国，1978—2007 年的数据实证表明，改革开放以来，我国生产率提高和技术进步都增加了对技能型劳动力的需求，经济发展过程中中性、非中性和资本体现式技术进步都存在着技能偏好性特征（宋冬林等，2010）[3]。

随着技术进步程度的不断加大，经济增长速度的加快，技能人才和非技能人才在个体能力、知识经验和受教育水平等方面的差异会更加明显，使人力资本非同质性更为突出，对技术进步的影响也会越来越大，即技能偏向性会随着技术的发展不断增强[4]。

从现有研究可以看出，技能和技术进步的互动关系，意味着技能不再是一个固定不变的常量，技能偏好型技术进步和包含前沿技术的设备资本投资的快速增加，会导致技能人才数量增加和技能水平的不断提升，而技能对技术进步的基础性作用，决定了技能是影响技术进步和企业竞争优势获得的关键性内生变量。换句话说，技

---

① 许志成、闫佳：《技能偏向型技术进步必然加剧工资不平等吗?》，《经济评论》2011 年第 3 期。

② 宋冬林、王林辉、董直庆：《技能偏向型技术进步存在吗? ——来自中国的经验证据》，《经济研究》2010 年第 5 期。

③ 同上。

④ Krusell, Per, Lee E. Ohanian, Ríos-Rull Jose-Victor and Giovanni L. Violante, 2000, Capital-Skill Complementarity and Inequality: AMacroeconomic Analysis [J]. Econometrica, Vol. 68, No. 5, pp. 1029 – 1053.

能具有内生性。

第二节 技能内生性实证模型的建立

根据技能与技术进步之间的互动关系，随着技能偏好型技术进步发展趋势的确立，技能将成为影响技术进步的关键性内生变量。为了验证技能偏好型进步的影响下的技能内生性，本书将通过建立联立方程模型，以技术创新特征明显的汽车行业为例，运用二阶段最小二乘法对技能、技术进步与企业绩效之间的关系进行实证分析。

一 实证模型与方法的选择——联立方程及二阶段最小二乘法（2SLS）简介[①]

1. 联立方程模型的定义

在计量经济学中，当两个变量之间存在双向因果关系，用单一方程模型就不能完整地描述这两个变量之间的关系。有时为全面描述一项活动只用单一方程模型是不够的。这时应该用多个方程的组合来描述整个活动。这种描述变量间联立依存性的方程体系就是联立方程。

联立方程模型的最大问题是 $E(X'u) \neq 0$，当用最小二乘法（OLS）估计模型中的方程参数时会产生联立方程偏倚，即所得参数的 OLS 估计量 β 是有偏的、不一致的。

在联立方程里有三类变量：

内生变量（endogenous variable）：由模型内变量所决定的变量。

外生变量（exogenous variable）：由模型外变量所决定的变量。

前定变量（predetermined variable）：包括外生变量、外生滞后

---

① 张晓峒：《计量经济学概论》，南开大学出版社 2009 年版。

变量、内生滞后变量。

例如：

$$y_{t-1} = \alpha_0 + \alpha_1 y + \beta_0 x_t + \beta_1 x_{t-1} + u_t$$

其中，y_t 为内生变量；x_t 为外生变量；y_{t-1}，x_t，x_{t-1} 为前定变量。

联立方程模型必须是完整的。所谓完整即"方程个数 ≥ 内生变量个数"。否则联立方程模型是无法估计的。

2. 联立方程的类型

一般来说，联立方程模型有三种类型：结构模型、简化型模型和递归模型。

例如，凯恩斯模型（为简化问题，对数据进行中心化处理，从而不出现截距项）

$$\begin{cases} c_t = \alpha_1 y_t + u_{t1} & \text{消费函数，行为方程（behavior equation）} \\ I_t = \beta_1 y_t + \beta_2 y_{t-1} + u_{t2} & \text{投资函数，行为方程} \\ y_t = c_t + I_t + G_t & \text{国民收入等式，定义方程（definitional equation）} \end{cases}$$

$$(3\text{—}1)$$

其中，c_t 为消费；y_t 为国民收入；I_t 为投资；G_t 为政府支出。α_1，β_1，β_2 称为结构参数。模型中内生变量有三个 c_t，y_t，I_t。外生变量有一个 G_t。内生滞后变量有一个 y_{t-1}。G_t，y_{t-1} 又称为前定变量。因模型中包括三个内生变量，含有三个方程，所以是一个完整的联立模型。

内生变量与外生变量的划分不是绝对的，随着新的行为方程的加入，外生变量可以转化为内生变量；随着行为方程的减少，内生变量也可以转化为外生变量。

（1）简化型模型（reduced-form equations）：把内生变量只表示为前定变量与随机误差项函数的联立模型。

以凯恩斯模型为例其简化型模型为：

$$\begin{cases} c_t = \pi_{11} y_{t-1} + \pi_{12} G_t + v_{t1} \\ I_t = \pi_{21} y_{t-1} + \pi_{22} G_t + v_{t2} \\ y_t = \pi_{31} y_{t-1} + \pi_{32} G_t + v_{t3} \end{cases} \qquad (3\text{—}2)$$

$$或 \begin{pmatrix} c_t \\ I_t \\ y_t \end{pmatrix} = \begin{pmatrix} \pi_{11} & \pi_{12} \\ \pi_{21} & \pi_{22} \\ \pi_{31} & \pi_{32} \end{pmatrix} \begin{pmatrix} y_{t-1} \\ G_t \end{pmatrix} + \begin{pmatrix} v_1 \\ v_2 \\ v_3 \end{pmatrix}$$

其中，c_t，y_t，I_t 为内生变量，y_{t-1}，G_t 为前定变量，π_{ij}（$i = 1$，2，3，$j = 1$，2），为简化型参数。

（2）递归模型（recursive system）：在结构方程体系中每个内生变量只是前定变量和比其序号低的内生变量的函数。

$$\begin{cases} y_1 = \beta_{11}x_1 + \cdots + \beta_{1k}x_k + u_1 \\ y_2 = \beta_{21}x_1 + \cdots + \beta_{2k}x_k + \alpha_{21}y_1 + u_2 \\ y_3 = \beta_{31}x_1 + \cdots + \beta_{3k}x_k + \alpha_{31}y_1 + \alpha_{32}y_2 + u_3 \\ \qquad \cdots \\ y_m = \beta_{m1}x_1 + \cdots + \beta_{mk}x_k + \alpha_{m1}y_1 + \alpha_{m2}y_1 + \cdots + \alpha_{mm-1}y_{m-1} + u_m \end{cases}$$

$$(3—3)$$

其中，y_i 和 x_j 分别表示内生变量和外生变量。其随机误差项应满足：

$$E(u_1u_2) = E(u_1u_3) = \cdots = E(u_2u_3) = \cdots = E(u_{m-1}u_m) = 0$$

3. 联立方程模型的识别（identification）

识别问题是完整的联立方程模型所特有的问题。只有行为方程才存在识别问题，对于定义方程或恒等式不存在识别问题。

识别问题不是参数估计问题，而是估计的前提。不可识别的模型则不可估计。

识别依赖于对联立方程模型中每个方程的识别。若有一个方程是不可识别的，则整个联立方程模型是不可识别的。

可识别性分为恰好识别和过度识别。

$$模型的识别 \begin{cases} 不可识别 \\ 可识别 \begin{cases} 恰好识别 \\ 过度识别 \end{cases} \end{cases}$$

识别方法：

（1）阶条件（order condition）。不包含在待识别方程中的变量（被斥变量）个数≥（联立方程模型中的方程个数-1）。

阶条件是必要条件但不充分，即不满足阶条件是不可识别的，但满足了阶条件也不一定是可识别的。

（2）秩条件（rank condition）。待识别方程的被斥变量系数矩阵的秩=（联立方程模型中方程个数-1）。

秩条件是充分必要条件。满足秩条件能保证联立方程模型内每个方程都有别于其他方程。

（3）识别过程。识别的一般过程是：①先考察阶条件，因为阶条件比秩条件判别起来简单。若不满足阶条件，识别到此为止。说明待识别方程不可识别。若满足阶条件，则进一步检查秩条件。②若不满足秩条件，说明待识别方程不可识别。若满足秩条件，说明待识别方程可识别，但不能判别可识别方程是属于恰好识别还是过度识别。对此还要返回来利用阶条件作判断。③若阶条件中的等式（被斥变量个数=方程个数-1）成立，则方程为恰好识别；若阶条件中的不等式（被斥变量个数>方程个数-1）成立，则方程为过度识别。

4. 联立方程的估计方法——二阶段最小二乘法（2SLS）

对于联立方程模型常用的估计方法是单一方程估计法。常用的单一方程估计法有间接最小二乘法（ILS）、工具变量法（IV）、二阶段最小二乘法（2SLS）和有限信息极大似然法（LIML）。

一般 ILS 法只适用于联立方程中的恰好识别模型。具体估计步骤是先写出与结构模型相对应的简化型模型，然后利用最小二乘法（OLS）估计简化型模型参数。因为简化型模型参数与结构模型参数存在一一对应关系，利用 $\Pi = A-1B$ 可得到结构参数的唯一估计值。ILS 估计量是有偏的，但具有一致性和渐近有效性。

当结构方程为过度识别时，其相应简化型方程参数的 OLS 估计量是有偏的、不一致的。

采用 ILS 法时，简化型模型的随机项必须满足 OLS 法的假定条件。$v_i \sim N\ (0,\ \sigma^2)$，$\text{cov}\ (v_i,\ v_j)\ =0$，$\text{cov}\ (x_i,\ v_j)\ =0$。当不满足上述条件时，简化型参数的估计误差就会传播到结构参数中去。

对于恰好识别和过度识别的联立方程的结构模型一般采用二阶段最小二乘法（2SLS）估计参数。2SLS 法即连续两次使用 OLS 法。使用 2SLS 法的前提是结构模型中的随机项和简化型模型中的随机项必须满足通常的假定条件，前定变量之间不存在多重共线性。

以如下模型为例作具体说明。

$$\begin{cases} y_1 = \alpha_1 y_2 + \beta_1 x_1 + u_1 \\ y_2 = \alpha_2 y_1 + \beta_2 x_2 + u_2 \end{cases} \tag{3—4}$$

其中，$u_i \sim N\ (0,\ \sigma_i^2)$，$i=1,\ 2$；$plim T^{-1}\ (x_i u_j)\ =0$（$i,\ j=1,\ 2$）；$E\ (u_1 u_2)\ =0$

第一步，作如下回归：

$$y_2 = \hat{\pi}_{21} x_1 + \hat{\pi}_{22} x_2 + \hat{v}_2$$

因为 $y_2 = \hat{\pi}_{21} x_1 + \hat{\pi}_{22} x_2$ 是 x_1 和 x_2 的线性组合，而 x_1，x_2 与 u_1，u_2 无关，所以 $\hat{y}_2$ 也与 u_1，u_2 无关。$\hat{y}_2$ 是 y_2 的 OLS 估计量，自然与 y_2 高度相关。所以可用 $\hat{y}_2$ 作为 y_2 的工具变量。

第二步，用 $\hat{y}_2$ 代替方程（3—4）中的 y_2，得：

$$y_1 = \alpha_1 \hat{y}_2 + \beta_1 x_1 + u_1$$

用 OLS 法估计上式。定义 $W = (\hat{y}_2 x_1)$，则：

$$\hat{\gamma} = (W'W)^{-1} (W'y_1)$$

$\hat{\gamma}$ 为 2SLS 估计量。$\hat{\gamma}$ 是有偏的、无效的、一致估计量。

可以证明当结构模型为恰好识别时，2SLS 估计值与 ILS 估计值相同。

二　联立方程的建立

根据技能内生性视角的企业参与职业教育内在动力的理论分

析,我们假设:

假设 H1:企业技术进步将导致对高技能人才需求的增加。

假设 H2:高技能人才的增加将提升企业的技术进步水平。

假设 H3:企业技术进步和高技能人才的增加提升了企业绩效。

一般情况下,企业绩效与企业的人、物、技术和管理水平相关,因此我们构建了以下的联立方程模型:

$$Y_S = \alpha_0 + \alpha_1 Y_T + \alpha_2 X_M + \alpha_3 X_C$$
$$Y_T = \beta_0 + \beta_1 Y_S + \beta_2 X_M + \beta_3 X_C$$
$$Y_P = \gamma_0 + \gamma_1 Y_T + \gamma_2 Y_S + \gamma_3 X_M + \gamma_4 X_C$$

$(3—5)$

其中,Y_S 代表高技能人才,Y_T 代表技术水平,X_M 代表管理水平,X_C 代表物质资本,Y_P 代表企业绩效。

三 实证数据的获取

考虑到数据的可靠性,本书采用了技术创新特征明显的汽车行业作为研究的对象,数据来源于《中国汽车工业年鉴》1994—2012年的序列数据。

在具体的指标方面,本书选取工程技术人员占职工总数比例代表高技能人才 Y_S 的变动,选取企业研究与发展经费支出反映企业技术创新水平 Y_T,用企业平均固定资产投资代表企业的物质资本规模 X_C,用企业全员劳动生产率反映企业的管理水平 X_M,用企业生产总值反映企业绩效 Y_P。

表 3—1   变量定义

变量	变量取值
高技能人才 Y_S	工程技术人员占职工总数比例
技术创新水平 Y_T	企业研究与发展经费支出
企业的物质资本规模 X_C	行业固定资产投资/企业数

续表

变量	变量取值
企业的管理水平 X_M	企业全员劳动生产率
企业绩效 Y_P	工业生产总值/企业数

第三节　技能内生性的实证检验分析[1][2][3]

一　平稳性检验

因为选取的变量都是时间序列，为了避免虚假回归的出现，必须对变量进行平稳性检验。常用的方法有 DF 检验和 ADF 检验。本书选取 ADF 检验对各个变量进行单根检验，结果如表 3—2 所示。从表中我们可以发现 5 个变量在 1%、5% 和 10% 的显著水平下都是非平稳的，而一阶差分在 1%、5% 和 10% 的显著水平下也是非稳定性的。但是二阶差分在 5% 的显著水平都是平稳的。因此，我们可以认为 5 个时间序列变量都是二阶单整的，因此必须对变量进行协整检验。

表 3—2　　　　　　　变量稳定性的实证检验结果

变量	ADF 结果	1%	5%	10%	(C, T, K)	结论
SKILL	− 2.2621	− 4.5326	− 3.6736	− 3.2774	1, 1, 0	非平稳
SKILL (I)	− 5.1651	− 4.5716	− 3.6908	− 3.2869	1, 1, 0	非平稳
SKILL (II)	− 4.9991	− 4.6679	− 3.7332	− 3.3103	1, 1, 1	平稳

---

[1]　李希、陈琳：《广东省公共教育水平与经济增长动态均衡关系研究——基于二阶段最小二乘法的实证研究》，《现代商贸工业》2011 年第 20 期。

[2]　徐大可：《中国地区自主创新能力评价及与经济增长质量关系研究》，博士学位论文，浙江大学，2007 年。

[3]　郭鑫：《内生性视角下的股权结构、资本结构与公司绩效关系研究》，《商业时代》2013 年第 16 期。

续表

变量	ADF 结果	1%	5%	10%	(C, T, K)	结论
TECHNOLOGY	− 1.5323	− 4.5716	− 3.6908	− 3.2869	1，1，1	非平稳
TECHNOLOGY（Ⅰ）	− 2.7904	− 4.7283	− 3.7597	− 3.3250	1，1，3	非平稳
TECHNOLOGY（Ⅱ）	− 4.3571	− 4.6162	− 3.7105	− 3.2978	1，1，0	平稳
SCALE	− 1.7157	− 4.5326	− 3.6736	− 3.2774	1，1，0	非平稳
SCALE（Ⅰ）	− 3.7262	− 4.5716	− 3.6808	− 3.2870	1，1，0	非平稳
SCALE（Ⅱ）	− 5.4519	− 4.6679	− 3.7332	− 3.3103	1，1，1	平稳
MANAGEMENT	− 0.7712	− 4.6162	− 3.7105	− 3.2978	1，1，2	非平稳
MANAGEMENT（Ⅰ）	− 9.2711	− 4.6162	− 3.7105	− 3.2978	1，1，1	非平稳
MANAGEMENT（Ⅱ）	− 10.2180	− 4.6679	− 3.7332	− 3.31 − 3	1，1，1	平稳
PERFORMANCE	− 2.3399	− 4.7283	− 3.7597	− 3.3249	1，1，4	非平稳
PERFORMANCE（Ⅰ）	− 1.5743	− 4.8000	− 3.7911	− 3.3423	1，1，4	非平稳
PERFORMANCE（Ⅱ）	− 7.3776	− 4.7284	− 3.7597	− 3.3250	1，1，2	平稳

注：Ⅰ，Ⅱ分别代表一阶差分算子和二阶差分算子。C，T，K 分别代表单位根检验方程中常数项、时间趋势和滞后阶数。

二　协整检验

当时间序列变量是非平稳，应该对变量进行协整检验，不存在协整关系的非平稳变量之间不能进行格兰杰因果关系检验，也就不能进行回归分析。用 Eviews 计算，得出表 3—3 的结果，可以看到技能（SKILL）和技术创新（TECHNOLOGY）在 5% 的显著水平下是协整的。

表3—3　　（SKILL）和技术创新（TECHNOLOGY）协整性检验结果

Cointegrating Eq：	CointEq1
SKILL（ − 1）	1.000000
TECH（ − 1）	− 0.761314
	(0.39024)
	[− 1.95091]
C	− 0.035432

三 格兰杰因果检验

通过前面的平稳性检验和协整检验，说明了变量之间存在着长期的均衡关系。但是技能（SKILL）和技术创新（TECHNOLOGY）之间的均衡关系是否为因果关系，则需要进一步验证。本书采用格兰杰因果检验，得到结果如表3—4所示，在5%的显著水平下技能（SKILL）和技术创新（TECHNOLOGY）之间互有因果关系，即技术进步是技能的一个重要影响因素，技能也能影响技术水平，可以对联立的方程组进行计量分析。

表3—4 技能（SKILL）和技术创新（TECHNOLOGY）格兰杰因果检验结果

Null Hypothesis：	Obs	F-Statistic	Prob.
TECH does not Grager Cause SKILL	18	0.93095	0.4189
SKILL does not Granger Cause TECH		3.46077	0.0624

四 联立方程模型的估计

根据联立方程，本书利用SPSS 19.0中的2SLS命令对汽车行业的相关数据进行了分析。为了避免各变量数据量纲的影响，我们首先对数据进行了归一化处理。

表3—5 高技能人才回归结果

		系数	标准误差	t值	p值
1	（常量）	0.003	0.042	0.064	0.950
	Technology	0.839**	0.241	3.487	0.003
	capital	0.275*	0.126	2.187	0.044
	management	1.538***	0.235	6.542	0.000
		$R^2 = 0.971$	F = 181.443		

注：*表示$p < 0.05$，**表示$p < 0.01$，***表示$p < 0.001$。

从表3—5的高技能人才回归方程看，可决系数和F值都通过了显著性检验。各个变量系数的t值除了常量以外，都通过了显著水平在5%的检验。可以认为，高技能人才回归方程通过了显著性检验。

关于高技能人才模型估计如下：

$$Y_S = 0.003 + 0.839 Y_T + 0.275 X_C + 1.538 X_M$$

$$(0.042) \quad (0.241) \quad (0.126) \quad (0.235)$$

$$R^2 = 0.971 \quad F = 181.443$$

从高技能人才回归结果看，技术创新与高技能人才之间呈现正相关的关系。这说明，技术创新引起企业对高技能人才的追求，引起企业高技能人才的增加，这验证了假设H1。此外，企业物质资本规模与高技能人才之间也存在着正相关的关系。这在一定程度上说明，当企业规模越大，企业承担培训的规模效益就会越大，企业培训动机就越强，企业高技能人才的比例将与企业规模之间呈现出一定的正相关关系。企业全员劳动效率与高技能人才存在着显著正相关的关系。说明企业管理水平与高技能人才需求具有密切的关系。

从表3—6的技术创新回归模型看，可决系数和F值都通过了显著性检验。各个变量系数的t值除常量以外，都通过了显著水平在5%的检验。大体上可以认定，高技能人才回归方程通过了显著性检验。

表3—6　　　　　　　　　　技术创新回归结果

		系数	标准误差	t 值	p 值
1	（常量）	0.001	0.033	0.042	0.967
	Skill	0.515 **	0.148	3.487	0.003
	capital	0.229 *	0.097	2.365	0.031
	management	1.269 ***	0.155	8.183	0.000
		$R^2 = 0.983$ F = 300.277			

注：* 表示 $p < 0.05$，** 表示 $p < 0.01$，*** 表示 $p < 0.001$。

关于技术创新模型估计如下：

$$Y_T = 0.001 + 0.515Y_S + 0.229X_C + 1.269X_M$$

$$(0.033) \quad (0.148) \quad (0.097) \quad (0.155)$$

$$R^2 = 0.983 \quad F = 300.277$$

从技术创新回归模型看，高技能人才与技术创新之间呈现正相关的关系。这说明，高技能人才为企业技术创新水平提供了坚实的技能支撑，使技术创新走向良性发展路径，这验证了假设 H2。此外，企业物质资本规模与技术创新之间也存在着正相关的关系。这是因为当企业规模越大，企业承担技术创新的能力越强，规模带来的规模效益可以有效地降低企业技术创新的成本。企业全员劳动效率与高技能人才存在着显著正相关的关系。说明企业管理水平与技术创新具有密切的关系。

从表 3—7 的企业绩效回归方程看，可决系数和 F 值都通过了显著性检验。各个变量系数的 t 值除了常量和企业资本规模以外，都通过了显著水平在 5% 的检验。企业资本规模系数 t 值的显著水平为 10.4%。大体上可以认为，高技能人才回归方程通过了显著性检验。

表 3—7　　　　　　　　　　　企业绩效回归结果

		系数	标准误差	t 值	p 值
1	（常量）	0.000	0.021	0.020	0.984
	Skill	0.154 **	0.048	3.220	0.003
	technology	0.391 *	0.158	2.485	0.025
	capital	0.123	0.051	1.732	0.104
	management	0.344	0.122	1.546	0.143
	$R^2 = 0.994$　$F = 573.563$				

注：* 表示 $p < 0.05$，** 表示 $p < 0.01$。

根据统计结果，企业绩效的模型估计如下：

$$Y_P = 0.000 + 0.154Y_S + 0.391Y_T + 0.123X_C + 0.344X_M$$
$$(0.021)\ \ (0.048)\ \ (0.158)\ \ (0.051)\ \ \ (0.122)$$
$$R^2 = 0.994 \quad F = 573.563$$

从高技能人才和技术创新的回归看，两者之间存在着相互促进的关系，具有一定的内生性。从二阶段最小二乘法的企业绩效模型看，技术创新和高技能人才与企业绩效之间呈现正相关的关系。这说明，技术创新和高技能人才相互促进，对企业绩效产生重要的促进作用。此外，企业物质资本规模带来的规模效应和企业全员劳动效率的管理效益也是企业绩效的重要来源。

从实证结果显示，技术创新和高技能人才之间存在着显著的正相关的关系，而非外生的单向影响关系。也就是说，两者具有明显的内生性，技能是一个内生性的变量。高技能人才随着技术进步而发生变化，改变了企业技能结构。而企业技能结构的优化又促进了企业技术创新的水平，使企业技术创新表现出明显地沿着高技能发展的路径。而企业的规模和企业管理水平都与技术创新和高技能人才之间存在着正相关的关系。

第 四 章

技能内生性下的企业参与职业教育的内在机制分析

技能内生性的存在，显示了技能与技术进步之间的互动关系，凸显出高技能人才的培养与获得对企业技术升级、获得竞争力的重要性（Piva & Vivarelli，2009）。[①] 面对市场竞争，严格遵循经济理论的企业将会对帮助企业获得竞争力的技能进行投资。"企业只会投资建设他们所需要的技能，即使这些技能或许最终将失去用途，但成本—收益意识始终约束着企业技能培训行为"（Streeck，1992b）。[②] 技能成为分析企业参与职业教育的重要内生变量。

第一节　不完全市场条件下的企业培训模型分析

一　完全竞争市场条件下的企业培训动机一般模型

技能不是单一的，技能之间是有差别的。Doeringer 和 Piore（1971）指出技能具有异质性，可以分为一般性技能（或通用性技能）和专用性技能。加里·贝克尔在完全市场条件下，对

---

① Mariacristina Piva，Marco Vivarelli. The Role of Skills as a Major Driver of Corporate R&D [J]. International Journal of Manpower，2009（30）：8.

② Streeck，Wolfgang. Social Institutions and Economic Performance：studies of industrial relations in advanced capitalist economics ［M］. London：Sage，1992 b.

企业在一般技能和特殊技能的培训中的决策进行了分析。他认为所谓一般技能，指完全通用且适用于大多数雇主生产需要的技能。在一个完全竞争的劳动力市场中，拥有一般技能的工人将获得与其边际产品等值的薪酬。因此，"不是企业，而是受训学员既承担了习得一般技能的成本，同时也享有回报收益"。对一般技能而言，企业没有动机去投资培训。但是即使企业不投资培训，工人自己也会花钱去学习，这意味着，企业没有动机为一般技能培训埋单。贝克尔认为所谓特殊技能，是指完全无法通用，且只对雇用此类工人的特定企业有价值的技能（Becker, 1962）。[①] 在特殊技能上，企业不会遭遇外部竞争者，因此企业能够付给工人低于其边际产品价值的工资，从而收回其在技能培训上的投资。工人也愿意分担培训成本，因此培训后，他们的实际工资虽然低于边际产品工资，但是却高于外部市场工资。因此，根据贝克尔的分析，企业只对专用性技能具有投资的动机，而没有动机为一般技能培训埋单。

如图4—1所示，假设技能水平为 τ，此时的边际生产效率为 $f(\tau)$，培训成本为 $c(\tau)$，工人工资为 $w(\tau)$，工人边际生产效率 $f(\tau)$ 与工资之间的差距为 $\Delta = f(\tau) - w(\tau)$。在完全竞争市场的作用，随着技能水平的提升，工人的边际生产效率 $f(\tau)$ 得到提升，工人的工资将随着工人的边际生产效率而变动，而工资与边际生产效率之间的差距 Δ 与技能没有任何关系，不会发生变动。因此，只有在 $\tau^* > 0$，$f'(\tau) = c'(\tau)$ 时，$\Delta = c(\tau)$，技能培训效益才达到最优化。最终一般技能培训的成本仍然由员工自己承担，企业并不承担相应的成本。[②]

————————

　　① Becker, G. S., Investment in Human Capital: a Theoretical Analysis [J]. Journal of Political Economy, 1962, 70 (1): 9–49.

　　② Ibid..

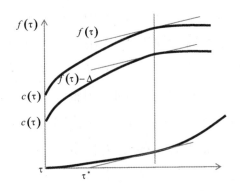

图4—1 完全竞争市场条件下的企业培训模型

二 不完全竞争市场下的企业培训模型

与贝克尔认为的一般技能所处的市场总是完全竞争的不同，许多学者认为，由于劳动力流动成本，劳动力市场关于劳动力数量和能力的信息不对称以及雇主与劳动力之间的信息不对称等因素的影响，完全竞争市场是不存在的，一般技能所处的市场具有不完全竞争市场的特点。[①]

在不完全竞争市场，工人的边际生产效率与工资的变动效率并不保持同步，工人工资的增长效率低于工人边际生产效率增长的幅度，因此，随着技能水平的不断提升，工人边际生产效率与工资之间的差距会越来越大。因此，与完全竞争市场相比，工人的工资受到了挤压，形成工资挤压效益。工资挤压效应是企业可以获得超过培训成本的收益，进而驱动企业有动机投资于一般技能培训。

如图4—2所示说明了工资挤压效应产生的机制。假设技能水平为 τ，此时的边际生产效率为 $f(\tau)$，培训成本为 $c(\tau)$，工人工资为 $w(\tau)$，工人边际生产效率 $f(\tau)$ 与工资之间的差距为 $\Delta = f(\tau) - w(\tau)$。在不完全竞争市场中，边际生产效率 $f(\tau)$ 的增

---

① Acemoglu, D., Pischke, J. S., Why Do Firms Train? Theory and Evidence [J]. The Quarterly Journal of Economics, 1998, 113 (1): 79 – 119.

长率与技能 τ 的提升密切相关，而工人工资 $w(\tau)$ 受不完全市场竞争因素的影响，并不能像在完全竞争市场一样，与边际生产效率 $f(\tau)$ 保持同步增长，从而导致在不完全竞争市场中，边际生产效率的增长率 $f(\tau)$ 快于工资 $w(\tau)$ 的增长效率，从而导致工人边际生产效率 $f(\tau)$ 与工资之间的差距 Δ 随着技能水平的不断提升而不断扩大。也就是说，在不完全竞争市场中，工人边际生产效率 $f(\tau)$ 与工资之间的差距 Δ 不再是与技能无关，而是技能的函数。[1][2][3] Loewenstein 和 Spletzer（1999）、Barron（1997）和 Bishop（1991）等通过实证研究，无论在一般企业还是在高技术企业，边际生产率的增长率远远高于工资的增长水平。[4] Gersbach 和 Schmutzler 的研究表明，如果劳动市场越是非完全竞争市场，工资挤压效应越发明显，企业投资培训的动机越强。[5]

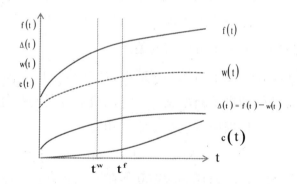

图4—2 非完全竞争市场条件下的企业培训模型

① Katz, E., & Ziderman, A. Investment in General Training: The Role of Information and Labour Mobility [J]. The Economic Journal, 1990, 100: 1147–1158.

② Loewenstein, M. A., & Spletzer, J. R. General and Specific training [J]. The Journal of Human Resources, 1999, 34: 710–733.

③ Picchio, M., & van Ours, J. C. Market Imperfections and Firm-sponsored Training [R]. IZA Discussion, Bonn, 2010, No. 4998.

④ OECD. Employment outlook [R]. Paris, 2004.

⑤ Gersbach, H., & Schmutzler, A., A product-market Theory of Industry-specific Training [R]. SOI Working Papers, Zurich, 2007.

此外，Becker 的一般技能和特殊技能的严格二分法则也受到了广泛的质疑。Becker 认为，如果一般技能与特殊技能之间没有任何关系，企业将只会投资于特殊技能，而不投资于一般技能。在真实的市场条件下，技能难以简单地划分为一般技能和特殊技能。Margaret Stevens 认为存在一种中间类型的技能——"可转移性技能"（transferable skills），而且许多技能都属于此中间类型。[①] 与此观点相似，许多学者注意到一个企业或许需要特定的混合技能，而且即使其中的每一项技能都是一般技能，但其混合物却是特殊技能。Franz 和 Soskice 认为，一般技能和特殊技能的获取是互补的。换言之，教授企业的特殊技能会降低教授一般技能的成本，反之亦然。这种技能"不只对一个企业有用，企业之间在雇用此类技能工人上存在着竞争，但竞争不属于充分完全竞争，不会导致工资趋同于边际产品价值"。[②] 技能的混合性将使企业有一定的动机承担部分一般技能的培训成本。而企业承担培训成本的程度与这种混合技能中所包含的专用技能的多少有着密切的关系。

因此，在不完全竞争市场和技能混合性的影响下，企业主动提供一般技能培训的动机不断增长。这种动机的变化与技能变动引起的工资挤压效应和培训成本的变动密切相关。

第二节　工资挤压效应下的企业培训策略及其变迁机理分析

关于企业培训的动机，有的学者将其归因为提供培训是企业社

---

① Stevens, M., Human Capital Theory and UK Vocational Training Policy ［J］. Oxford Review of Economic Policy, 1999, 15：16 – 32.

② Franz, W. and Soskice, D. The German apprenticeship system, in（Friedrich Buttler et al., eds.）Institutional Frameworks and Labor Market Performance. Comparative Views on the German and US. Economies ［M］. London and NewYork：Routledge, 1995：208 – 234.

会责任，企业形象的塑造或者根植于企业自身的传统。而众多的实证研究表明，成本与收益是影响企业投资培训的决定性变量。因此，对于企业培训动机及其策略分析仅仅从成本的角度进行分析是不够的，关注收益与成本这一对紧密联系的范畴，尤其是收益对于企业培训动机及其策略影响更具意义。如上节所述，不完全市场条件下的工资挤压效应的存在改变了完全竞争市场条件下企业培训的成本与收益的格局，工资挤压效应带来的培训收益的变化为企业弥补培训成本提供了与完全竞争市场完全不同的解决途径，成本不再是企业唯一关心的企业战略的影响因素，工资挤压效应带来的培训收益改变了企业培训策略的选择。

一　工资挤压效应下的企业培训策略分析

从形成看，工资挤压效应是边际生产效率提升和工资挤压作用共同作用的结果。而两者却具有完全不同的形成机制。边际生产效率的提升与技术进步、技能水平有着密切的联系。而工资挤压作用却与雇主谈判能力和制度因素相关。迥异的形成机制增加了企业培训策略选择的可能性。企业既可以通过提高技术和技能水平促进边际生产效率提升的技能偏好的培训策略扩大工资挤压效应，也可以选择通过制度或者机制的设计限制工资增长的成本偏好的培训策略实现相同的目标，或者同时采用两种兼顾的培训策略。

面对多样的企业培训策略，企业如何决定培训策略的选择？一般来说，工资挤压作用更多决定于制度因素和雇主在工资谈判中的强势地位等外部因素，而边际生产效率的提升则与企业自身的技术技能依赖程度密切相关。因此，在企业培训策略的选择过程中，企业对技术技能的依赖程度和外部制度因素成为企业培训策略选择的决定因素。

在培训成本一定的条件下，对技能依赖性强的企业来说，通过技能提升带来的边际生产效率获得工资挤压效应的增加，使企业可以在依靠外部制度获得工资挤压作用之外，具有选择技能偏好的培训战略的可能性。而对于技术技能依赖性较低的企业来说，企业对技术技能的需求较低并且提升缓慢，通过边际生产效率提升获得工资挤压效应的空间有限，此时通过雇主在劳动谈判中的强势地位、工资刚性等制度因素限制甚至降低工人工资水平，获得工资挤压效应成为企业唯一选择，其培训策略显示出明显的成本偏好性。

然而在劳动力市场，制度和工资是相对刚性的，短时间内是难以随意调整的。这意味着，劳动力市场制度和工资政策决定的工资挤压作用在一定时间范围内是相对固定的，是难以变动的。而与此相反，技术技能进步带来的生产效率变化却很少受到这种制度刚性的约束。这就意味着，与工资挤压作用有限增长空间相比，技能偏好的企业培训战略为工资挤压效应提供了一个相对广阔的发展空间。增长空间的差异，对于企业培训策略的选择具有重要的意义。随着技术技能的进步，技能偏好性的企业培训战略会逐渐成为企业主要的战略选择，最终企业技能培训策略会由成本偏好向技能偏好逐步转变。

二 企业培训策略的变迁机理分析

（一）技术进步与技能有效互动是企业培训策略变迁的前提

技术技能进步带来的生产效率变化推动的企业培训战略的变迁是以技术进步引起技能水平的提升为前提的。长期以来，关于技术进步与技能关系存在两种完全不同的理解：技术进步取代技能和技术进步的技能依赖性。这与人们对技术的认识相关。什么是技术？这是技术哲学一个基本的问题。在早期学者们认为技术是完成某种任务所采取的手段，或者是"人类活动的特定领域中所用方法和手段之总和"，这些定义将技术与物质生产联系起来，而将人的因素排除在外。[①] 在这种理念的影响下，伴随着工业化的不断推进和大量机械化设备使用，技能将被技术进步带来的自动化设备所取代，企业技能需求将不断减少成为普遍的观点。

随着技术哲学的发展，对于技术的理解逐步拓展到物体、知识和意志等方面，并在特定的技术过程或活动中得到统一。正如勒恩克所说："……技术不仅仅包括机器、工具以及其他技术产品，技术过程，技术操作和技术程序越来越重要，这一重要性正在迅速增长"。[②] 在技术成为动态的具体过程中，起主导作用的是人，通过人的知识、能力和技能才能将静态的、孤立的要素成为动态的、相互有机联系的要素，从而产生现实的技术。这也就是说，人的技能不是与技术进步无关的变量，而是将各种要素有机整合入技术过程和活动的关键所在。随着人们对技术认识的不断深入，技术进步取代技能的看法逐渐被技术进步的技能依赖性所取代。特别是进入 20 世纪下半叶以后，随着技术进步和包含着前沿技术的设备资本品投资大规模增长，工作的非物质化的倾向越来越大，"技术进步提高了对高技能劳动力的需求，同时减少以及消除了对低技能劳动力的需求……信息技术、网络技术等新的通用技术在提高劳动者技能的同时，还促成了更为广泛的工作组织的变化。需要劳动力掌握截然不同，普遍而言更高的技能水平"。[③] 在实践中，技术进步带来了技能水平提升的同时，表现出对高技能的依赖性，显示出明显的技能偏好性的特点。

技术与技能互动作用推动企业培训由成本偏好性向技能偏好性变迁在欧美技能培训体系的形成中有充分的体现。以德国为例，早期的技能工人主要是通过传统学徒制，由手工工匠培养的。为了适

---

① 徐国庆：《实践导向职业教育课程研究：技术学范式》，上海教育出版社 2004 年版。

② Lenk, H. Advance in the Philosophy of Technology: New Structural Characteristics of Technologies [J]. Society for Philosophy & Technology, 1998 (4).

③ 迪特斯·帕特：《工业 4.0 实践手册》，周军译，北京理工大学出版社 2015 年版。

应工业化的需要，在德国政府的支持下，手工业部门被组织起来成立了强制性协会，并被赋予在学徒培训领域充分的自主权（包括学徒数量、学习内容、鉴定与资格认证等方面的权利）。手工业部门通过制度性的安排，将学徒工的工资限定在比较低的水平，从而使手工业企业可以获得制度性工资挤压带来的收益，以弥补相应的培训成本，甚至降低生产成本。学徒培训大多利用生产间隙完成。学徒期满的员工在获取职业资格后，进入到其他部门，成为其他部门技能的主要来源。这种持续的学徒更新流动机制，在制度上保障了手工业企业制度性工资挤压收益的可持续性。而随着大型机械制造和金属加工企业的发展，手工业技能供给无论在数量上还是技能培训内容和水平上逐渐无法满足大型机械制造和金属加工企业发展的需要。为了应对技能供给的不足，许多大型企业放弃了从劳动力市场寻找手工业培训的技能人才的策略，转而通过投入了大量的精力和资源，在企业内部建立培训车间或厂办技校的方式来培养适应企业生产需要的技能精英。此时，对于这些大型机械制造和金属加工企业来说，技能带来的生产效率的提升明显超过了培训成本，其培训策略显示出明显的技能偏好的倾向。

技术进步与技能互动推进企业培训策略变迁在我国也有充分的验证。以轨道交通行业为例，为满足轨道交通产业快速发展对高技能人才的需求，轨道交通企业投入大量的资源，在职业院校建立仿真实训基地，积极参与职业院校的技能人才培养过程，显示出明显的技能偏好的企业培训策略。2009 年，中铁六局集团公司与天津铁道职业技术学院合作共建了采用当今最先进的博格板整体道床技术，按照京津城际铁路的技术标准建设，价值 300 万元左右的 80 米长的高速铁路实训线路，由学院提供场地，中铁六局集团公司提供设备、技术，并负责施工。浦镇车辆厂在南京铁道职业技术学院投资建设了 900 米长的两条实训线路，以满足企业职工培训和学院学生实习实训需要。2012 年，中国南车集团在湖南铁道职业技术学院成立了南车大学，专门培养企业生产需要的技能人才。①

因此，在技术进步的技能偏好性的影响下，技能不再是一个固定的外生常量，而成为一个内生性变量，通过"技术进步—技能变动—生产效率提升—工资挤压效应"的动力传导机制，企业将获得更大的工资挤压效应的增长空间，企业培训策略具有向技能偏好性策略变迁的可能。

（二）技能需求与技能供给的对接效率是技能培训策略变迁的关键因素

从过程看，技术进步促进技能变动是技术进步对技能需求的变动和技能供给相互作用的结果。技术进步对技能的需求反映的是技术的物质、知识和意志等层面引起的对技能需求的变化，反映的是技能发展的可能性。而技能供给侧是现有的技能培训体系下技能提供的现实反映，它与技能形成机制、技能培训组织、培训内容、培训方法等因素有关。两者属于完全不同维度的范畴。技术进步促进技能有效变动不仅需要技术进步对技能的需求侧变化能有效地传递到技能供给侧，同时还需要技能供给侧提供满足技术进步对技能的需求的技能。

一般来说，企业内部培训是技术进步促进技能有效变动最为有效的模式。在同一组织内，信号传递效率高、噪声干扰少，技术进步带来的技能需求信息高效地转化为具体技能培训的培训标准和培训内容。同时也为技能的形成提供了工作的"做中学"真实的生产环境。这种以企业为主体的技能培训在德国双元制的学徒制、日本企业内部培训得到了充分的体现。

然而，企业内部培训只能是部分企业的选择，由于培训成本的

---

① 龙德毅、王世斌、潘海生：《中国职业技术教育校企合作年度报告（2012）》，高等教育出版社 2014 年版。

存在，企业资本充裕程度以及规模等个性禀赋因素差异决定了绝大部分企业只能选择通过契约、联盟等方式有机整合外部的专业技能培训资源，以弥补自身满足技术进步对技能的需求的技能供给能力的不足。跨组织的技能培训模式在以学校为主的技能培训体系和市场主导的技能培训体系中是普遍的技能培训模式。即使在德国双元制技能人才培养体系中，与90%以上的大型企业都提供学徒岗位相比，其他企业提供学徒岗位比例仅有24%左右[①]，跨企业培训中心是德国双元制重要的补充。

与企业内部培训相比，跨组织技能培训合作模式虽然可以弥补企业自身能力的不足，但跨组织张力与合力使两个体系始终无法与企业内部培训一样，使技术进步带来的技能需求与技能供给实现高效的对接。跨组织之间的信号衰减、信息成本以及组织间的张力，使技术进步对技能的需求在跨组织间转化为技能培训标准和内容的效率削减。而在技能供给侧，由于离开了企业真实的生产环境，基于工作的技能获得效率必然会受到影响。同时，由于使技能需求方对技能供给方缺乏相应的约束和监督，技能供给满足技术进步对技能的需要的水平缺乏制度和机制的保障。[②]

因此，建立技术进步对技能需求与技能供给有效对接的机制，提高技术进步对技能的需求向技能供给侧的信息传递效率，并对技能供给侧的行为进行引导和约束成为必然。其中，制定技能标准是一个可行的选择。依据技术进步对技能的需求进行技能标准的制定，可以有效弥补跨组织技能合作信号衰减和信息成本对技能标准转化的影响，避免一些企业自身技能标准转化能力的不足，规避单

---

① Bliem, W., Petanovitsch, A., Schmid, K., Success Factors for the Dual VET System: Possibilities for Know-how-transfer. Vienna: Institute für Bildungsforschung der Wirtschaft, Federal Ministry of Economy, Family and Youth, 2014.

② Felix, R., Vocational Education and Innovation: Modernizing Apprenticeship [R] . 2004 International Conference on Vocational Skill Education and Traing, 2004.

个企业在技能转化过程中夹带私心，导致技能标准过于专业化的风险。

而从各国技能培训体系看，行业组织在技能标准的制定中起着重要的作用。作为行业内企业的代表，行业组织集中代表了本行业的共同利益，对行业内企业有一种天然的约束力。在德国，以手工业行业协会和工商业行业协会为代表的行业协会通过审核培训企业的资格，确定职业标准，职业资格转入制度等途径和手段，确保技术进步对技能的需求能够有效地转化为具体的职业标准，并据此对双元制培训体系中技能供给的质量进行有效的监督与评价。在澳大利亚，行业组织通过国家培训总局或其他职业教育咨询机构，根据企业对于技能培训的需求情况，对技能人才发展如何适应就业市场、满足企业需要、争取经费投入等重大问题做出宏观决策，并对技能人才培养的质量进行评估。

因此，以技能标准为媒介的技术进步对技能需求与技能供给对接机制，可以有效地改善技术进步对技能需求与技能供给对接不足的困难，并对技能供给的质量提供保障依据，从而使"技术进步—技能变动—边际生产效率—工资挤压效应"的动力机制拥有足够的动力源，推动企业培训战略向技能偏好性变迁。

三　企业参与职业教育的机理分析

在我国，1999 年教育体制改革后，经过企校分离、院校划转等一系列工作，高等职业院校划归教育部门管理。劳动保障部门、政府业务部门、行业协会与高等职业院校之间的沟通与联系逐步淡化。以铁路交通行业高等职业院校为例，铁路行业原有 49 所普通中专学校，96 所技工学校，45 所职业高中，100 所铁路职工学校，58 所成人中专学校。自 1999 年开始，铁路职业学校陆续划转地方政府管理，有的归当地省市教育行政部门管理，有的归市（地级）教育行政部门管理，有的归劳动保障厅（局）管理，去向不一。其中，部分实力较强的学校改制为高等职业，有少部分学校并入当地的其他学校。而升格为高等职业院校的院校，除极少数依然保持铁路专业特色外，大多数走向了综合化发展的道路，院校与铁路行业企业之间的合作缺乏专门的部门或机构进行统筹与协调，相互之间的合作联系逐步淡化。自此，我国技能人才培养主要依靠职业院校培养，企业参与职业教育成为在中国环境下企业提供培训的重要形式和内容。但技能偏好性技术进步下的企业培训策略的变迁激励对于分析企业参与职业教育机理及其模式具有重要的启示意义。

（一）企业参与职业教育的价值取向内涵

企业参与职业教育的价值在于企业参与职业教育所能满足企业需求的程度。企业参与职业教育的价值取向则是根据企业需求，企业主体参与职业教育价值的倾向。企业参与职业教育的价值取向是企业对参与职业教育的需求和企业参与职业教育所获得满足相互作用的结果。① 而企业的需求是价值产生的根源，因此，企业参与职业教育的需求在价值取向的确定中起决定性作用。

根据企业需要的不同，企业参与职业教育的价值取向分为技术进步偏好价值取向和成本偏好价值取向两种类型。两种价值取向反映出企业主体对企业参与职业教育的价值判断基础上，根据自身需求来进行企业参与职业教育价值选择时所表现出对技术进步和培训成本的不同价值倾向性。无论企业选择哪种价值取向，只要价值取向一旦确定下来，将会对企业参与职业教育的行为发挥决定性的影响作用。

---

① 马君、周志刚：《对职业教育价值问题的理性审视》，《教育与职业》2009 年第 21 期。

（二）技能偏好型技术进步影响下企业参与职业教育的价值取向变迁分析

企业究竟是选择技术进步偏好价值取向还是选择培训成本偏好价值取向，实际上是企业技术进步水平及技术进步技能偏好程度发展演化所带来的企业主体需求变化的结果。企业技术进步及技术进步技能偏好程度的变化将使企业对参与职业教育的需求发生变化，进而导致企业参与职业教育的价值取向的演变。也就是说，企业参与职业教育的价值取向的变迁是主体需要变化的结果。

较低的技术水平及技术进步的技能偏好程度，使技能与企业竞争优势的获得相关不大，企业追逐技能人才和提供技能培训的欲望很难得以激发，此时企业参与职业教育不是为了获得技能人才，而是为了以较低的成本直接获得企业所需要的廉价劳动力的需要。此时，培训成本偏好价值取向将成为企业参与职业教育的价值取向选择。

伴随着技术进步的快速发展和技能偏好型技术进步发展趋势的确立，技能成为企业获取竞争优势的关键要素。快速的技术进步引起技能的变动，将导致企业追逐技能人才和提供技能培训欲望水平的增加，虽然企业由于个性差异导致培训成本承受能力不同，但获取与技术进步相适应的技能人才逐渐成为企业参与职业教育更为主要的价值取向。企业参与职业教育的价值取向逐步由培训成本偏好向技术进步偏好转变。从本质上说，这种转变不是一种价值取向完全替代另一种价值取向，而只是价值取向重心的转移。也就是说，在企业逐步确立起技术进步偏好性价值取向后，并不意味着企业对培训成本价值偏好的丧失。只是说，技术进步偏好价值取向发挥着更为决定性的作用。此时，培训成本则更多地对企业参与职业教育的行为产生影响，并与企业的个体禀赋差异因素一起决定了企业参与职业教育的具体行为模式。

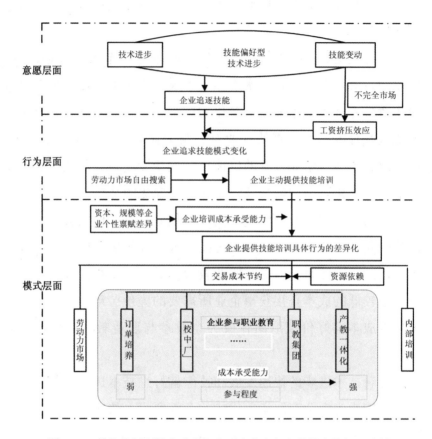

图4—3　技能偏好型技术进步视角下企业参与职业教育的机理分析

当企业资本充足，规模足够大时，企业具有的较强培训成本承受能力和显著的技能培训规模效益，使企业倾向于将技能培训纳入企业内部，通过内部培训的方式提供技能培训。而对于绝大部分企业来说，即使有不断增加的工资挤压效应，受资本充足程度和企业规模的影响，企业没有足够的能力承担培训成本，也就无法独自提供技能培训。此时，在交易成本节约和外部资源因素的影响下，企业有动机通过契约、联盟等方式，采取业务外包、股份制合作、一体化运作、集团化等模式与职业院校建立合作关系，根据企业技能人才需要，有机整合职业院校等外部的专业技能培训资源，弥补自身能力的不足，提升企业获得与技术进步相适应的技能人才的能力。①

所以，企业参与职业教育不仅是技能偏好型技术进步和工资挤压效应的结果，还受到企业个性特征及个体能力等方面的影响。从逻辑关系上讲，企业在技术进步影响下对技能的追逐是企业参与职业教育的最根本的原因，而技能变动带来的工资挤压效应使提供技能培训取代市场自由选择成为企业获取技能的行为选择，企业个体禀赋导致的培训成本承受能力的差异与交易成本、外部资源等因素共同作用，使企业提供技能培训呈现出包括企业内部培训在内的不同模式。这些模式分布于劳动力市场自由获取和企业内部培训两个端点之间，形成一系列程度不同、形式多样的企业参与职业教育模式，从而使企业参与职业教育的行为表现出明显的差异化。

---

① 龙德毅、王世斌、潘海生：《中国职业技术教育校企合作年度报告（2012）》，高等教育出版社 2014 年版。

第五章

企业参与职业教育差异化行为的
影响因素实证分析

第一节 企业参与职业教育行为差异化的
影响因素的假设

如前面所分析的，企业参与职业教育不仅是技能偏好型技术进步和工资挤压效应的结果，还受到企业个性特征及个体能力等方面的影响，形成一系列程度不同、形式多样的企业参与职业教育模式，从而使企业参与职业教育的行为表现出明显的差异化。为此，本书提出以下假设：

H1：企业的个性特征对企业参与职业教育的行为有显著影响。

企业的类型、行业属性以及规模的差异决定企业承担培训成本的能力不同，从而导致企业参与职业教育的差异化行为。

企业的性质对企业参与职业教育的行为有影响。国有企业由于自身的属性特点，承担着促进经济发展的社会责任，同时受到国家及政府的大力扶植，资金充裕、政策完善，成本承受能力更强，对技能培训的投入更多。另外，外资企业对技能比较重视，对技能培训也会有一定投入。

企业的行业属性对企业参与职业教育的程度有一定影响。技术密集型企业本身技能人才占比较高，对技术有更高的需求，在技能偏好型技术进步影响下，技术密集型企业比劳动密集型企业和资本密集型企业的技能水平提升得更快，技能提升所带来的收益更大，使技术密集型企业承担成本的能力更强，因此，技术密集型企业对技能培训的投入更多，培训模式更深入。

企业的规模差异使企业参与职业教育的模式不同。企业的规模与其成本承担能力是成正比的。大规模企业资金充足，成本分担能力更强，技能培训规模效益更加显著。所以，比起中小型企业，大规模企业对技能培训的投资更大，参与程度更深入。

H2：企业对培训成本的敏感程度对企业参与职业教育的行为有影响。

企业以追逐利润为最终目的，希望在校企合作中能用尽可能少的投入得到更多的回报。在参与职业教育的过程中能否获得超过成本的利润是企业考虑的一个重要因素。

H3：企业的技术倾向对企业参与职业教育的行为有显著影响。

在技能偏向型技术进步的背景下，企业的技术水平决定了其发展前景。企业现有的技术水平和想要达到的技术进步目标能否通过与职业学校的合作来实现直接影响着其参与职业教育的行为。

H4：企业的人才发展战略对企业参与职业教育的行为有一定影响。

技术进步使企业对高技能人才的需求增加，参与职业教育是获得高技能人才的一种途径。通过与职业学校合作是否能够获得企业所需要的技能型人才会影响企业参与职业教育的行为。

除了企业的个体禀赋以外，企业的社会责任意识对其参与职业教育的行为也有一定影响。校企合作培养的人才不仅可以满足企业的需求，更能满足工业化、全球化、知识经济对人才的需求，使国家能够应对信息时代所带来的持续增长的竞争压力。此时，参与职业教育不仅仅是企业的个体行为，更是企业的一种社会责任。如果企业把参与职业教育当成一种社会责任并努力去承担，从宏观上讲，无疑会提高职业教育人才培养的质量，从而提高我国在社会竞争中的实力；从微观上来讲，也能提升企业在社会公众中的形象，从而提高企业的知名度，促进企业的发展。在此基础上，提出假设5。

H5：企业的社会责任对其参与职业教育的行为有影响。

除此之外，外部的政策环境对企业参与职业教育的行为也有影响，那么政策环境的制定和维护者——政府也就承担着重要责任。这是因为我国的职业教育具有地方统筹的特点，地方政府在职业教育的发展过程中扮演着重要的角色。2010年《国家中长期教育改革和发展规划纲要（2010—2020年）》指出："要建立政府主导、行业指导、企业参与的职业教育校企合作办学机制……要强化省、市（地）级政府统筹职业教育发展的责任。"明确了政府在职业教育校企合作中的责任和地位。为此，提出假设6。

H6：政府的责任是否有效发挥在一定程度上影响着企业参与职业教育的行为。

第二节 模型选取与变量的描述性统计分析

本书中的数据采用对机械行业的调研数据。调查问卷的结构、样本构成已经在第二章有所介绍。

一 模型的选取

为了更好地分析企业参与职业教育校企合作差异化行为的影响因素，我们选择构建相应的理论模型进行分析。由于本书中企业参与职业教育的行为主要有不参与、低层次参与和深层次参与三种，是以分类为主的离散数据且数值超过两类，因此我们采取有序Probit 模型对企业参与职业教育差异化行为的影响因素进行实证分析。Probit 模型是一种非线性回归模型，主要用来处理多类离散数据，近年来应用非常广泛。它是用可观测的有序反应数据建立模型来研究不可观测的潜变量（latent variables）变化规律的方法。Ordered Probit 模型的一般形式是：$Y_i = \beta x_i + \alpha$，式中：Y_i 是潜变量或隐性变量；x_i 是解释变量组成的向量；β 是 x_i 的系数，是待估计参数，表示各自变量对因变量影响程度的大小；α 是随机扰动项（或随机变量），代表被模型忽略对因变量产生影响的其他因素总和。模型中因变量（被解释变量）的观测值 Y_i 表示分类结果或排序结果，取值为有序整数，如 0、1、2、3…。Y_i 往往是不可观测的，但是我们能够区别 Y_i 值的大小所属的区间，则可以根据某种已知分布，将 Y_i 与所处区间的概率相关联，然后利用各个区间的样本概率，通过最大似然估计获得对参数 β 的估计。自变量（被解释变量）是可能影响因变量排序的各种因素，可以是多个解释变量的集合。

二　因变量选取

企业参与职业教育校企合作的行为包括经费分配、培训支持、校企合作方式，根据这几方面的数据来源，在理论上我们尝试将差异化行为分为三种：不参与校企合作、低层次参与校企合作、深层次参与校企合作。不参与是指对职业院校完全没有任何合作，低层次参与是指投入的经费、人员不多，合作方式比较简单，深层次合作指的是投入经费、人员较多，合作方式多元。因为被解释变量一般为有序整数，故令不参与校企合作 = 0，低层次参与校企合作 = 1，深层次参与校企合作 = 2。因此，本书中的被解释变量 y 是一个包括 0—2 三个等级的多分变量。

三　自变量的选取

企业参与校企合作的行为受多种因素影响，根据已有的研究成果和问卷调查内容，本书将自变量分为以下六类：企业的个性特征、企业对培训成本的敏感程度、企业的技术倾向、企业的人才发展战略、企业的社会责任和政府的责任。

（1）企业的个性特征变量包括企业所属的类型、企业的属性和企业的规模。

（2）企业对培训成本的敏感程度变量包括满足季节性和特殊项目的用工需要、降低用工成本。

（3）企业的技术倾向变量包括促进企业技术人员的知识更新和整合、借助外界的科研力量开展技术攻关、给企业带来新的技术。

（4）企业的人才发展战略变量包括物色满意的员工、给企业带来新的理念和活力、通过提供实习岗位和实训设备将企业标准培养纳入职业院校人才培养过程、为正式员工提供在职培训的机会。

（5）企业的社会责任变量包括与学校建立和加强联系、帮助学生提高职业能力、帮助学生更好地学习理论知识、向社会展示良好的企业形象。

（6）政府的责任变量包括完善法律政策、构建企业参与职业教育的有效途径、出台相应的激励措施、激发行业组织的引导和监督作用。

以上六类变量除了企业的个性特征，其他五类中的变量都是根据五级李克特量表分为非常赞同、比较赞同、说不清楚、不太赞同、不赞同五个选项，令非常赞同=5，比较赞同=4，说不清楚=3，不太赞同=2，不赞同=1。自变量说明见表5—1。

表 5—1　　　　　　　　　　　　**自变量的说明**

变量类别	变量名称	变量符号	变量定义
企业的个性特征	企业的类型	X_1	国有企业＝1，外资企业＝2，合资企业＝3，民营企业＝4
	企业的属性	X_2	劳动密集型＝1，资本密集型＝2，技术密集型＝3
	企业的规模	X_3	小型企业＝1，年产值在 5000 万元以下；中型企业＝2，年产值为 5000 万—5 亿元；大型企业＝3，年产值为 5 亿元以上
企业对培训成本的敏感程度	满足季节性和特殊项目的用工需要	X_4	非常赞同＝5，比较赞同＝4，说不清楚＝3，不太赞同＝2，不赞同＝1
	降低用工成本	X_5	非常赞同＝5，比较赞同＝4，说不清楚＝3，不太赞同＝2，不赞同＝1
企业的技术倾向	促进企业技术人员的知识整合和更新	X_6	非常赞同＝5，比较赞同＝4，说不清楚＝3，不太赞同＝2，不赞同＝1
	借助外界的力量开展科技攻关	X_7	非常赞同＝5，比较赞同＝4，说不清楚＝3，不太赞同＝2，不赞同＝1
	给企业带来新的技术	X_8	非常赞同＝5，比较赞同＝4，说不清楚＝3，不太赞同＝2，不赞同＝1
企业的人才发展战略	物色满意的员工	X_9	非常赞同＝5，比较赞同＝4，说不清楚＝3，不太赞同＝2，不赞同＝1
	给企业带来新的理念和活力	X_{10}	非常赞同＝5，比较赞同＝4，说不清楚＝3，不太赞同＝2，不赞同＝1
	通过提供实习岗位和实训设备，把企业的标准培养纳入职业学校人才培养过程	X_{11}	非常赞同＝5，比较赞同＝4，说不清楚＝3，不太赞同＝2，不赞同＝1
	为正式员工提供在职培训的机会	X_{12}	非常赞同＝5，比较赞同＝4，说不清楚＝3，不太赞同＝2，不赞同＝1
企业的社会责任	与学校建立和加强联系	X_{13}	非常赞同＝5，比较赞同＝4，说不清楚＝3，不太赞同＝2，不赞同＝1

续表

变量类别	变量名称	变量符号	变量定义
企业的社会责任	帮助学生提高职业能力	X_{14}	非常赞同 = 5，比较赞同 = 4，说不清楚 = 3，不太赞同 = 2，不赞同 = 1
	帮助学生更好地学习理论知识	X_{15}	非常赞同 = 5，比较赞同 = 4，说不清楚 = 3，不太赞同 = 2，不赞同 = 1
	向社会展示良好的企业形象	X_{16}	非常赞同 = 5，比较赞同 = 4，说不清楚 = 3，不太赞同 = 2，不赞同 = 1
政府的责任	完善法律政策	X_{17}	非常赞同 = 5，比较赞同 = 4，说不清楚 = 3，不太赞同 = 2，不赞同 = 1
	构建企业参与职业教育的有效途径	X_{18}	非常赞同 = 5，比较赞同 = 4，说不清楚 = 3，不太赞同 = 2，不赞同 = 1
	出台相应的激励措施	X_{19}	非常赞同 = 5，比较赞同 = 4，说不清楚 = 3，不太赞同 = 2，不赞同 = 1
	激发行业组织的引导和监督作用	X_{20}	非常赞同 = 5，比较赞同 = 4，说不清楚 = 3，不太赞同 = 2，不赞同 = 1

四　变量的描述性统计分析

（1）企业参与职业教育校企合作的行为分析。被调研企业在与职业学校的合作上还处于较低层次，在调研样本中选择低层次合作的企业所占比例达到 64.22%，甚至有 6.4% 的企业并没有和职业学校进行合作。在对被解释变量进行描述性统计分析时，其均值为 1.16，这也充分说明目前企业参与校企合作还处于以实习实训为主的较低水平，对于深层次合作的动力明显不足。

（2）因变量的描述性统计分析如表5—2所示。从表5—2中我们可以看到企业对培训成本的敏感程度在整个自变量中的均值都不高，说明现代企业具有较好的发展眼光，与降低成本这种短期利益相比，企业更注重长远发展。在企业的技术倾向一栏中，促进企业技术人员的知识更新和整合的均值最高，为 4.17，说明企业最想通过校企合作提高现有员工的能力。在企业的人才发展战略选择中，物色满意员工的均值最高，为4.27，甚至是整个自变量中均值最高的，说明企业参与职业教育最终的目的是想得到人才。企业的社会责任一栏中所有的变量均值都超过了4，尤其是向社会展示良好的企业形象，均值达到了4.25，说明企业不仅把校企合作看成是促进自身发展的有效途径，更是把参与职业教育当成了一种社会责任。在所有变量中，均值最低的就是政府责任方面，四个变量的均值都在2左右，说明政府在校企合作方面的责任意识有待提高，校企合作的法律政策、激励机制还不完善，行业组织没有起到引导和监督的作用，企业缺乏参与职业教育的有效途径。

表5—2　　　　　　　　　　　变量的描述性统计

变量名	最小值	最大值	均值	标准差
Y（企业参与职业教育的差异化行为）	0	2	1.16	0.523
X_1（企业类型）	1	4	2.57	1.181
X_2（企业的属性）	1	3	1.99	0.977
X_3（企业的规模）	1	3	2.48	0.753
X_4（满足季节性和特殊项目的用工需要）	1	5	3.77	1.111
X_5（降低用工成本）	1	5	3.42	1.212
X_6（促进企业技术人员的知识更新和整合）	2	5	4.17	0.792
X_7（借助外界的科研力量开展技术攻关）	1	5	3.92	0.963
X_8（给企业带来新的技术）	1	5	3.90	1.018
X_9（物色满意的员工）	3	5	4.27	0.648
X_{10}（给企业带来新的理念和活力）	1	5	4.04	0.860
X_{11}（通过提供实习岗位和实训设备，将企业标准培养纳入到职业院校人才培养过程）	1	5	4.03	0.897
X_{12}（为正式员工提供在职培训的机会）	2	5	4.21	0.681
X_{13}（与学校建立和加强联系）	1	5	4.15	0.803
X_{14}（帮助学生提高职业能力）	2	5	4.17	0.678

续表

变量名	最小值	最大值	均值	标准差
X₁₅（帮助学生更好地学习理论知识）	2	5	4.05	0.832
X₁₆（向社会展示良好的企业形象）	1	5	4.25	0.852
X₁₇（完善法律政策）	1	5	2.36	0.996
X₁₈（构建企业参与职业教育的有效途径）	1	5	2.25	0.934
X₁₉（出台相应的激励措施）	1	5	2.06	0.842
X₂₀（激发行业组织的引导和监督作用）	1	5	2.25	0.904

第三节　企业参与职业教育差异化行为的影响因素实证分析

我们通过运用 Stata 11 软件构建多元有序 Probit 模型对调查数据进行实证分析。为了保证分析方法的有效性，首先我们通过分析调研企业参与职业教育校企合作的差异化行为（被解释变量）的柱状图，发现其基本上呈正态分布，调研数据完全满足正态分布要求，所以能够运用 Probit 模型方法进行实证分析。

在模型的检验方面，我们需要构造替代检验统计量。比较常用的是似然比率检验（Likelihood Ratio）。似然（likelihood）即概率，其取值范围在 [0, 1] 之间。对数似然值（Log likelihood，LL）是它的自然对数形式，由于取值范围在 [0, 1] 之间的数的对数值为负数，所以对数似然值的取值范围在 -∞ 至 0 之间。对数似然值通过最大似然估计的迭代算法计算而得。因为 LL 近似服从卡方分布且在数学上更为方便，所以 LL 可用于检验 Probit 回归的显著性。当 LL 的实际显著性水平大于给定的显著性水平 α 时，解释变量的变动中无法解释的部分是不显著的，意味着回归方程的拟合程度越好。通过我们的计量分析，模型的 -LL 为 321.47441 远大于给定显著水平 0.05 所对应的数值，解释变量的变动中无法解释的部分是不显著的，说明回归方程的拟合程度较好。似然比（LR）检验的 P 值为 0 小于假设显著性水平（0.05），模型具有统计学意义。另外，从 Pseudo R^2 检验来看，Pseudo $R^2 = 0.0968$，非常接近于 0，说明回归方程的拟合效果非常好。从表 5—3 来看，X_2、X_3、X_6、X_8、X_{11}、X_{12}、X_{18} 对企业参与校企合作的行为有显著性影响，即企业的区域、属性、规模、技术倾向、人才培养战略、政府的责任影响企业参与职业教育校企合作的行为。

表 5—3　　　　　　Ordered Probit 模型统计结果（总）

自变量	参数估计值	标准差	Z	P
X_1	0.0768	0.0972	0.79	0.430
X_2	0.4074***	0.1117	3.65	0.000
X_3	0.4083***	0.1519	2.69	0.007
X_4	0.1326	0.1336	0.99	0.321
X_5	0.0656	0.1081	0.61	0.544
X_6	0.6376***	0.1970	3.24	0.001
X_7	0.0991	0.1563	0.63	0.526
X_8	0.2740*	0.1541	1.78	0.075
X_9	0.0949	0.1833	0.52	0.604
X_{10}	-0.1922	0.1699	-1.13	0.258
X_{11}	0.6196***	0.1819	3.41	0.001
X_{12}	0.4059*	0.2292	1.77	0.077
X_{13}	0.0890	0.1563	0.57	0.569
X_{14}	-0.0999	0.1946	-0.51	0.608
X_{15}	0.1598	0.1634	0.98	0.328
X_{16}	-0.1185	0.1528	-0.78	0.438
X_{17}	-0.0846	0.1290	-0.66	0.512
X_{18}	0.2816*	0.1647	1.71	0.087

自变量	参数估计值	标准差	Z	P
X_{19}	0.0400	0.1631	0.25	0.806
X_{20}	0.1628	0.1602	1.02	0.309

观测数（Number of obs）= 218

对数似然比（Log Likelihood）= − 323.48514

Prob > chi^2 = 0.0000

伪判决系数（Pseudo R^2）= 0.0912

注：＊表示 p < 0.05，＊＊表示 p < 0.01，＊＊＊表示 p < 0.001。

（1）企业的个性特征对企业参与职业教育行为的影响。从回归模型的结果来看，企业的个性特征是决定其参与职业教育校企合作行为最重要的因素，这与假设 1 的推测完全一致。其包含三个指标，除了企业的类型，其他变量都对企业参与职业教育的行为有显著影响。也就是说，企业的属性和企业的规模决定企业参与职业教育的行为。相比其他两个变量，企业的类型对企业行为的影响并不显著。这与第四章的分析基本一致。在企业的属性上，劳动密集型企业和技术密集型企业对校企合作的依赖度更高。在企业的规模上，大型企业比中小型企业更深入地参与校企合作。

（2）相比之下，企业对培训成本的敏感程度对企业参与职业教育校企合作的行为影响并不显著，与研究假设 2 不符。造成这种结果的原因可能是由于在成本一定的情况下，受技能偏好型技术进步的影响，企业对技能的追求要远远高于对成本的追求，因此是技术进步而非成本决定了企业参与职业教育的行为。

（3）企业的技术倾向对企业行为的影响，与假设 3 的推测一致。从表 5—3 中发现企业的技术倾向也是影响企业参与校企合作行为的一个关键因素。在企业的技术倾向维度上，有两个变量对企业的行为有影响。促进企业技术人员的知识更新和整合对企业行为有正向影响且在1%水平上显著，给企业带来新的技术与企业行为呈现显著正相关。在技能偏好型技术进步的影响下，技能决定了企业的生产效率。随着科学技术的不断进步，企业对技术和技能的追求意愿更强烈，参与职业教育的动机也会随之增强。借助外界的科研力量开展技术攻关对企业参与校企合作的行为有正向影响，但不显著。从第四章的企业总体行为分析中，我们可以发现相对于职业学校，企业更愿意与大学合作开展技术项目，说明在技术方面，企业更依赖大学。

（4）企业的人才发展战略对企业参与职业教育校企合作行为的影响，与假设4的推测相符。通过提供实习岗位和实训设备，将企业标准培养纳入到职业院校人才培养过程对企业参与校企合作的行为有显著的正向影响。为正式员工提供在职培训的机会也在一定程度上影响企业参与职业教育的行为。说明我国的企业比较重视自身的发展，希望校企合作能够为自身的发展带来有益因素——人才发展。人才的竞争成为现代企业的核心竞争，因此，对人力发展的追求成为企业参与职业教育校企合作的主要动因，一方面企业希望职业院校能够促进企业现有员工能力的提升；另一方面企业希望职业院校能够培养出企业所需要的人才。将企业人才培养的标准纳入到职业学校的人才培养过程可以使职业学校培养的学生更能满足企业的需求。与此相比，物色满意的员工、给企业带来新的理念和活力对企业参与职业教育的行为影响不显著。说明目前职业学校的学生还不能很好地满足企业的需求，职业学校学生的能力不能得到企业的认可，导致企业对职业学校的依赖度不高。

（5）与假设5的推测不同，企业的社会责任对企业的行为并没有太大影响。企业并不是公益组织，在获得利润的同时企业会履行一定的社会责任，但不会直接影响企业参与校企合作的行为。

（6）政府的责任变量对企业参与职业教育校企合作行为的影

响，与假设 6 的推测一致。在该类变量中，我们可以发现政府责任与企业的行为呈正相关关系，说明政府责任缺失是导致企业低层次参与校企合作的原因之一。其中，构建企业参与职业教育的有效途径对其行为有显著影响。说明企业自身愿意与职业学校进行合作，但合作途径有限，只要有合适的合作途径，企业愿意参与职业教育。值得注意的是完善法律政策、出台相应的激励机制和激发行业组织的引导和监督作用对企业行为的影响并不显著。造成这样的结果可能是企业必须与职业学校合作，才会需要法律政策、激励措施和行业组织。相比之下，企业参与职业教育的途径可能更重要。但这并不代表其他三个变量对企业的行为不会产生影响。一旦企业与职业学校展开合作，就需要法律的维护、优惠政策的激励和行业组织的引导。

总之，企业参与职业教育校企合作的影响因素包括很多方面，最关键的因素是对技术水平和人才发展的追求。技术和人才也是现代社会急需的。如果职业院校能够促进现有员工知识的增长，并且能够根据企业的要求培养企业所需要的人才，企业将更愿意参与职业教育，这也充分说明了企业比较注重长远发展。当然，在注重长远发展的同时企业也充分利用职业院校廉价的劳动力满足短暂的用工需求、降低成本，谋求短期利益。另外，政府作用的发挥也对企业参与校企合作的行为有影响。政府充分发挥宏观调控的作用，为校企合作搭建平台，企业和职业学校的合作才会更顺畅。

第四节　不同企业参与职业教育差异化行为的影响因素实证分析

为了更深入了解不同企业参与职业教育校企合作的动因，我们根据以上的分类进行不同类型、不同性质、不同规模企业参与职业教育校企合作的动因比较。在企业的类型上，我们依然选取的是国有企业、合资企业和民营企业。在企业的属性上，由于我们调研资本密集型企业比较少，因此在做影响因素分析时，我们选择了劳动密集型企业和技术密集型企业。此外，在我们的调研样本中，大型企业的数量较多，中型企业和小型企业较少，因此在做影响因素分析时，我们把中型企业和小型企业合并为中小型企业进行分析。从各模型分析的 $-LL$ 值、P 值和 $Pseudo\ R^2$ 值来看，各回归方程的拟合效果较好。

一 不同类型企业参与职业教育差异化行为的影响因素实证分析

（一）国有企业参与职业教育行为的影响因素分析

从表5—4中可以看到，国有企业参与职业教育的行为主要受到 X_2、X_6、X_{15}、X_{16} 的影响，即国有企业的个性特征、技术倾向和社会责任显著影响其参与职业教育行为。

（1）国有企业的个性特征对其参与职业教育的行为有影响。其中产生影响的因素是国有企业所属的行业属性，而国有企业的规模对其行为并没有影响。也就是说，劳动密集型的国有企业和技术密集型的企业参与职业教育的行为不同。

（2）对培训成本的敏感程度并不影响国有企业参与职业教育的行为。国有企业一般规模都比较大，实力较雄厚，培训成本承担能力强，因此在与职业学校的合作上，成本并不是其考虑的关键因素。

（3）国有企业的技术倾向显著影响其参与职业教育的行为。给企业带来新的技术在5%水平上显著影响国有企业参与职业教育的行为。随着科学技术的进步，企业逐渐从追求成本向追求技能转变，国有企业作为各类型企业中发展较为迅速的企业，对先进的技术和技能更为敏感。因此，是否能够促进企业技术的发展是其考虑参与职业教育的一个关键因素。

（4）国有企业的人才发展战略并没有对其参与职业教育的行为造成影响。国有企业的人员编制有限，人员变动较少，再加上自身实力雄厚，很多企业都成立了专门的员工培训机构，对职业学校在人员和培训上的需求并不大，因此国有企业的人才发展战略并不影响其参与职业教育的行为。

（5）社会责任对国有企业参与职业教育的行为有显著影响。帮助学生更好地学习理论知识和向社会展示良好的企业形象影响显著。国有企业由于属于国家和中央所有，国有企业的行为代表国家和政府的行为，这种特殊性也决定了其承担了重要的社会责任。而参与职业教育、大力发展职业教育、与职业学校联合培养高技能人才是其社会责任中的一部分，因此会对其行为产生影响。

（6）政府责任对国有企业参与职业教育的行为无显著影响。国有企业受政府政策的大力扶植，政策制度比较完善、参与职业教育的途径也比较多，同时也受到行业组织的引导和监督，政府的大力扶植使其没有这些外部环境的困扰，也就不会对其参与职业教育的行为有影响。

表5—4　　　　　国有企业 Ordered Probit 模型分析结果

自变量	参数估计值	标准差	Z	P
X_2	0.6559 *	0.3687	1.78	0.075
X_3	0.4656	0.3758	1.24	0.215
X_4	0.3101	0.7145	0.43	0.664
X_5	0.0179	0.2878	0.06	0.950
X_6	0.3112	0.5948	2.20	0.527
X_7	0.4551	0.3378	1.35	0.178
X_8	0.2846 * * *	0.5019	0.57	0.001

续表

自变量	参数估计值	标准差	Z	P
X_9	0.7808	0.5978	1.31	0.191
X_{10}	0.8689	0.6012	1.45	0.148
X_{11}	0.0276	0.5960	0.05	0.963
X_{12}	-0.3517	0.8723	-1.55	0.121
X_{13}	-0.0928	0.8739	-0.11	0.915
X_{14}	0.6856	0.4913	1.40	0.163
X_{15}	0.3973**	0.6098	2.29	0.022
X_{16}	0.0575**	0.6860	0.08	0.033
X_{17}	0.5363	0.3477	1.54	0.123
X_{18}	-0.0495	0.3453	-0.14	0.886
X_{19}	-0.9496	0.6047	-1.57	0.116
X_{20}	-0.3413	0.6115	-0.56	0.577

观测数值（Number of obs）= 66

对数似然比（Log likelihood）= -80.92613

Prob > chi^2 = 0.0002

伪判决系数（Pseudo R^2）= 0.1681

注：*、**、***分别表示在 10%、5% 和 1% 水平上具有显著性。

（二）合资企业参与职业教育行为的影响因素分析

表 5—5 的模型分析结果显示，X_2、X_3、X_6、X_8、X_{11}、X_{18} 对合资企业参与职业教育的行为有影响，其中 X_6 在 1% 水平上显著，说明合资企业的技术倾向是决定其参与职业教育行为的关键因素。

（1）合资企业的个性特征对其参与职业教育的行为有影响。合资企业所属的行业属性和规模都在一定程度上影响其参与职业教育的行为。

（2）对培训成本的敏感程度对合资企业参与职业教育的行为无显著影响。合资企业多数情况下规模都比较大，资金充裕，成本承担能力强，关注更多的是技术和人才而非成本。

（3）合资企业的技术倾向显著影响其参与职业教育的行为。促进企业技术人员的知识整合和更新，给企业带来新的技术都在很大程度上决定合资企业参与职业教育的行为。合资企业与国际形势接轨，企业的发展与国际经济发展局势一致。技术进步程度是拉开企业差距的关键，因此，参与职业教育是否能够给企业带来新的技术，是否能够促进技术人员水平的提升显著影响合资企业参与职业教育的行为。

（4）合资企业的人才发展战略在一定程度上影响其参与职业教育的行为。通过提供实习岗位和实训设备，把企业的标准培养纳入职业学校的人才培养过程，在5%水平上显著影响其参与职业教育的行为。技术进步呈现技能偏好性，技能人才成为企业追逐的对象，合资企业对技能人才的需求要远远超过其他类型的企业，因此合资企业更愿意参与到职业学校的人才培养过程。

（5）社会责任对合资企业参与职业教育的行为没有显著影响。合资企业在与职业学校合作过程中考虑更多的是自身所获得的技术、技能，而对于学校的发展并不十分在意，与技术和人才相比，社会责任并不影响其参与职业教育的行为。

（6）政府责任对合资企业参与职业教育的行为有一定影响。其中政府是否构建企业参与职业教育的途径影响合资企业参与职业教育的行为，而法律政策、激励机制、行业组织的引导和监督与之相比影响并不显著。说明合资企业自身还是比较依赖职业学校来获取高技能人才，但是限于合作途径有限，致使其不能深入参与。

表5—5　　　　　　　　合资企业 Ordered Probit 模型分析结果

自变量	参数估计值	标准差	Z	P
X_2	0.4152 *	0.2234	1.86	0.063
X_3	0.4842 * *	0.6441	2.30	0.021

续表

自变量	参数估计值	标准差	Z	P
X_4	0.1387	0.4147	0.33	0.738
X_5	−0.1942	0.3093	−0.63	0.530
X_6	0.1750***	0.4864	0.64	0.001
X_7	0.6398	0.4484	1.43	0.154
X_8	0.2733**	0.3611	−0.76	0.019
X_9	−0.4774	0.4421	−1.08	0.280
X_{10}	−0.2965	0.4486	−0.66	0.509
X_{11}	0.2188**	0.3928	0.56	0.018
X_{12}	0.1743	0.2872	0.61	0.544
X_{13}	0.3606	0.2517	1.43	0.152
X_{14}	−0.1366	0.2428	−0.56	0.574
X_{15}	−0.5067	0.4125	−1.23	0.219
X_{16}	0.3017	0.6503	0.46	0.643
X_{17}	−0.0931	0.3069	−0.30	0.762
X_{18}	0.6122*	0.3473	−1.76	0.078
X_{19}	0.4535	0.4362	1.04	0.298
X_{20}	−0.2956	0.3165	−0.93	0.350

观测数值（Number of obs）= 94

对数似然比（Log likelihood）= −114.65726

Prob > chi^2 = 0.0076

伪判决系数（Pseudo R^2）= 0.1439

注：*、**、***分别表示在10%、5%和1%水平上具有显著性。

（三）民营企业参与职业教育行为的影响因素分析

从表5—6中可以看出，X_2、X_5、X_8、X_{10}、X_{17}、X_{18}、X_{19}显著影响民营企业参与职业教育的行为，也就是说除了社会责任，个性特征、对成本的敏感程度、技术倾向、人才发展战略和政府责任都对民营企业参与职业教育的行为有显著影响。

（1）民营企业的个性特征对其参与职业教育的行为有影响。其中，民营企业所属的行业属性在1%水平上显著影响其参与职业教育的行为。而民营企业的规模并不影响其参与职业教育的行为。

（2）对培训成本的敏感程度显著影响民营企业参与职业教育的行为。降低用工成本在1%水平上显著影响其参与职业教育的行为。大多数民营企业的规模都比较小，经济实力有限，成本承担能力并不强，因此会希望在与职业学校合作过程中能降低其承担的成本。

（3）民营企业的技术倾向对其参与职业教育的行为有显著影响。参与职业教育是否能够给企业带来新的技术对其行为有影响。随着技能偏好型技术进步的发展，技术和技能是企业生存和发展的关键因素，民营企业自身实力就比较薄弱，要想在激烈的市场竞争中获得一席之地，也必须依靠先进的技术和高技能人才，因此是否能够为其带来新的技术是影响其参与职业教育的重要因素。

（4）民营企业的人才发展战略在很大程度上影响其参与职业教育的行为。民营企业希望参与职业教育能为企业带来新的理念和活力，所以是否能够达到这一目的，显著影响其参与职业教育的行为。民营企业相对比较保守，但是由于社会环境不断变化，经济在不断增长，科学技术在不断发展，只有不断更新技术，保持企业的活力才能在激烈的竞争中占有一席之地。

（5）社会责任对民营企业参与职业教育的行为无显著影响。说明民营企业自身实力比较薄弱，在参与职业教育的过程中考虑更多的是企业自身的发展和如何实现利润的最大化，并没有把参与职业教育当成社会责任，因此也就不会对其行为产生影响。

（6）政府责任是影响民营企业参与职业教育行为的关键因素。政策制度是否完善、是否构建了企业参与职业教育的有效途径、是否有相应的激励措施都对民营企业参与职业教育的行为有影响。无论是规模、经济实力和技术水平，民营企业都无法和国有企业、合资企业进行比较，参与职业教育过程既想获得先进的技术和高技能人才，又想最大限度地节约成本，合作内容就有所限制，那么政府的政策扶植、资金补助等无疑会增强其参与职业教育的积极性。

表5—6　　　　　　民营企业 Ordered Probit 模型分析结果

自变量	参数估计值	标准差	Z	P
X_2	0.2778 * * *	0.4904	4.64	0.000
X_3	0.4896	0.3948	1.24	0.215
X_4	− 0.8832	0.5800	− 1.52	0.128
X_5	0.1487 * * *	0.6076	3.54	0.000
X_6	− 0.1725	0.3419	− 0.50	0.614
X_7	− 0.6532	0.7782	− 0.84	0.401
X_8	0.5619 * * *	0.7589	3.38	0.001
X_9	− 0.4823	0.4859	− 0.99	0.321
X_{10}	0.0696 * * *	0.1146	2.75	0.006
X_{11}	0.1778	0.6825	0.26	0.794
X_{12}	− 0.2648	0.2872	− 0.39	0.696
X_{13}	− 0.2656	0.4785	− 0.55	0.579
X_{14}	− 0.5475	0.5848	− 0.94	0.349
X_{15}	− 0.1175	0.5372	− 0.22	0.827
X_{16}	0.1734	0.7263	0.24	0.811
X_{17}	0.2554 *	0.6765	1.86	0.063
X_{18}	0.5440 * * *	0.7272	3.50	0.000
X_{19}	0.2494 * *	0.3947	0.63	0.028
X_{20}	− 0.2383	0.4588	− 0.52	0.603

观测数值（Number of obs）＝58

对数似然比（Log likelihood）＝ − 51.865907

Prob > chi^2 = 0.0000

伪判决系数（Pseudo R^2）= 0.3732

注：*、* *、* * *分别表示在10%、5%和1%水平上具有显著性。

二 不同属性的企业参与职业教育差异化行为的影响因素实证分析

（一）劳动密集型企业参与职业教育行为的影响因素分析

从模型的分析结果来看，X_3、X_5、X_6、X_8、X_{11}、X_{13}、X_{16}、X_{18}对劳动密集型企业参与职业教育的行为有影响，其中 X_5、X_6、X_{11}在 1% 水平上显著影响企业的行为。

（1）在企业的个性特征中，劳动密集型企业只受到企业规模的影响，企业的类型对其影响不显著。从结果中我们可以看到企业的规模越大，校企合作越深入。劳动密集型企业最急需的就是劳动力，而企业的规模越大，需要的劳动力越多，对校企合作的依赖程度就越高。

（2）劳动密集型企业参与职业教育的行为还受到其对培训成本的敏感程度的影响。降低用工成本与劳动密集型企业参与职业教育的行为呈正相关，且在 1% 水平上显著。因为劳动密集型企业最需要的是大规模人才，也就是在人才引进上需要花费巨大的人力，降低用工成本无疑为劳动密集型企业节省很大的开支，为其带来更多的利润。

（3）劳动密集型企业的技术倾向也影响其参与职业教育的行为。说明在技能偏好性技术进步的影响下，劳动密集型企业在逐渐转变观念，获取低成本的劳动力不再是其参与职业教育的唯一目的。参与职业教育能否给企业带来新的技术也成为其考虑是否参与职业教育的一个重要因素。

（4）劳动密集型企业的人才发展战略显著影响其参与职业教育的行为。通过提供实习岗位和实训设备，把企业的标准培养纳入职业学校的人才培养过程在 1% 水平上显著影响劳动密集型企业参与职业教育的行为。说明技术进步不仅使劳动密集型企业关注先进技术的引进，同时也使其更加重视技能型人才的培养，希望能通过与职业学校的合作培养符合其生产发展的技能型人才。

（5）企业的社会责任也在一定程度上影响劳动密集型企业参与职业教育的行为。在此维度上，其受到两方面因素的影响，与学校建立和加强联系和向社会展示良好的企业形象，后者的影响程度更高。与学校建立和加强联系一方面可以促进学校的发展，另一方面也能更及时地得到企业所需要的人才。向社会展示良好的企业形象可以提高企业的地位，为企业招揽更多的人才。

（6）政府的责任也对劳动密集型企业的行为有一定的影响。企业参与职业教育的有效途径的构建对劳动密集型企业参与职业教育的行为有影响，且在10%水平上显著。也就是说，企业参与职业教育的有效途径越完善，企业越愿意参与校企合作。

表5—7　　　劳动密集型企业 Ordered Probit 模型分析结果

自变量	参数估计值	标准差	Z	P
X_1	0.0087	0.1958	0.04	0.965
X_3	0.7686＊＊	0.3416	2.25	0.024
X_4	−0.4189	0.2613	−1.60	0.109
X_5	0.6460＊＊＊	0.2047	3.16	0.002
X_6	0.3346＊＊＊	0.3647	3.66	0.000
X_7	−0.0441	0.2464	−0.18	0.858
X_8	0.7237＊＊	0.2988	2.42	0.015
X_9	−0.3754	0.3214	−1.17	0.243
X_{10}	−0.0711	0.2872	−0.25	0.804
X_{11}	0.3531＊＊＊	0.3665	5.06	0.000
X_{12}	−0.1852	0.4715	−0.39	0.694
X_{13}	0.4669＊	0.2404	1.94	0.052
X_{14}	−0.4607	0.3278	−1.41	0.160
X_{15}	−0.4401	0.3303	−1.33	0.183
X_{16}	0.6716＊＊	0.2797	2.40	0.016
X_{17}	0.3535	0.3395	1.04	0.298

自变量	参数估计值	标准差	Z	P
X_{18}	0.7371 *	0.4260	1.73	0.084
X_{19}	−0.2434	0.2740	−0.89	0.374
X_{20}	−0.0636	0.3292	−0.19	0.847
观测数值（Number of obs）＝104				
对数似然比（Log likelihood）＝−116.80094				
Prob＞chi² ＝0.0000				
伪判决系数（Pseudo R²）＝0.2254				

注：*、**、***分别表示在10%、5%和1%水平上具有显著性。

（二）技术密集型企业参与职业教育行为的影响因素分析

从总体上来看，X_1、X_3、X_6、X_8、X_{10}、X_{11}对技术密集型企业参与职业教育的行为有影响，其中 X_6、X_8、X_{11} 的影响最显著，即技术密集型企业的技术倾向和人才发展战略是影响其参与职业教育行为的关键因素。

（1）技术密集型企业的个性特征对其参与职业教育的行为有影响，类型的差异和规模的不同都会在一定程度上影响其行为。

（2）对成本的敏感程度对技术密集型企业参与职业教育的行为影响不显著。技术密集型企业本身技术水平比其他类型的企业高，成本承担能力强，随着科学技术的发展，技术密集型企业也在不断更新其技术水平，相比成本，技术密集型企业更重视先进技术。

（3）技术密集型企业的技术倾向显著影响其参与职业教育的行为。促进企业技术人员的知识整合和更新、给企业带来新的技术都在1%水平上影响着其参与职业教育的行为。技术密集型企业对先进技术有很高的倾向，随着技能偏好型技术进步的发展，技术密集型企业对先进技术和技能的追逐意愿更加强烈。

（4）技术密集型企业参与职业教育的行为也受到其人才发展战

略的影响。技术密集型企业希望通过与职业学校的合作能够给企业带来新的理念和活力，同时也希望能够通过提供实习岗位和实训设备，把企业的标准培养纳入职业学校人才培养过程。技能偏好型技术进步使高技能劳动力的需求增加，而对技能的追求成为很多企业参与职业教育的根本动因，而参与到职业学校的人才培养过程可以培养出企业所需要的高技能人才。

（5）社会责任和政府责任对技术密集型企业参与职业教育的行为无显著影响。说明企业是否参与职业教育更多的是从自身的人才需求和技能需求的角度出发，而外部的环境因素并不是其考虑的关键因素。

表5—8　　　　　技术密集型企业 Ordered Probit 模型分析结果

自变量	参数估计值	标准差	Z	P
X_1	0.4046**	0.1703	2.38	0.017
X_3	0.5024*	0.2685	1.87	0.061
X_4	0.1281	0.2251	0.57	0.569
X_5	0.1591	0.1773	0.90	0.369
X_6	0.2158***	0.3505	0.62	0.008
X_7	0.3567	0.3483	1.02	0.306
X_8	0.1521***	0.2798	0.54	0.001
X_9	-0.1928	0.3049	-0.63	0.527
X_{10}	0.1742**	0.4252	2.29	0.022
X_{11}	0.2213***	0.3131	0.71	0.000
X_{12}	0.1906	0.3560	0.54	0.592
X_{13}	-0.4050	0.3024	-1.34	0.181
X_{14}	0.3863	0.3773	1.02	0.306
X_{15}	0.0451	0.2672	0.17	0.866
X_{16}	-0.2617	0.2771	-0.94	0.345
X_{17}	-0.3500	0.2501	-1.40	0.162

续表

自变量	参数估计值	标准差	Z	P
X_{18}	0.1679	0.3010	0.56	0.577
X_{19}	0.0237	0.2293	0.10	0.918
X_{20}	−0.0636	0.3292	−0.19	0.847

观测数值（Number of obs）= 102

对数似然比（Log likelihood）= −142.3676

Prob > chi^2 = 0.0061

伪判决系数（Pseudo R^2）= 0.0942

注: *、**、***分别表示在 10%、5% 和 1% 水平上具有显著性。

三　不同规模的企业参与职业教育行为的影响因素实证分析

（一）大规模企业参与职业教育行为的影响因素分析

如表 5—9 所示，从整体上来看，X_2、X_5、X_7、X_{11}、X_{14}、X_{20} 对大型企业参与职业教育的行为有影响，其中 X_{11} 影响最显著。也就是说，大型企业的人才发展战略对其参与职业教育的行为影响最显著。

表 5—9　　　　　　大型企业 Ordered Probit 模型分析结果

自变量	参数估计值	标准差	Z	P
X_1	0.0474	0.1401	0.34	0.735
X_2	0.4237**	0.1676	2.53	0.011
X_4	−0.1408	0.2024	−0.70	0.486
X_5	0.3545	0.1414	2.51	0.512
X_6	0.2811	0.2964	0.95	0.343
X_7	0.4587**	0.2238	2.05	0.040
X_8	−0.1271	0.2180	−0.58	0.560
X_9	0.0810	0.3240	0.25	0.802
X_{10}	−0.3020	0.2248	−1.34	0.179

续表

自变量	参数估计值	标准差	Z	P
X_{11}	0.9118***	0.2873	3.17	0.002
X_{12}	−0.5016	0.3564	−1.41	0.159
X_{13}	−0.3190	0.2770	−1.15	0.249
X_{14}	0.5051*	0.2851	1.77	0.076
X_{15}	0.2464	0.2863	0.86	0.389
X_{16}	−0.1319	0.2034	−0.65	0.517
X_{17}	−0.3618	0.2228	−1.62	0.104
X_{18}	0.3096	0.2397	1.29	0.196
X_{19}	−0.0847	0.2411	−0.35	0.725
X_{20}	0.3830*	0.2216	1.73	0.084

观测数值（Number of obs）＝138

对数似然比（Log likelihood）＝ −187.03432

Prob > chi^2 = 0.0003

伪判决系数（Pseudo R^2）＝0.1157

注：*、**、***分别表示在10%、5%和1%水平上具有显著性。

（1）个性特征对大型企业参与职业教育的行为有一定影响。其中，企业所属的行业属性对大型企业参与职业教育的行为有显著影响，而企业的类型对其行为并无影响。

（2）对培训成本的敏感程度对大型企业参与职业教育的行为无显著性影响，大型企业的培训成本承担能力强，产生的规模效益更加显著，相对于降低成本，大型企业更注重技术水平的提升。

（3）企业的技术倾向依然是影响大型企业参与职业教育行为的一个重要因素，影响最显著的是借助外界的科研力量开展技术攻关，而促进企业技术人员的知识更新和整合影响不显著。大型企业的规模比较庞大，绝大多数都有自己的培训机构和培养基地，对人才的培养主要依赖于企业自身。而科技水平是不断发展的，大型企业要发展必须不断更新技术，完成技术攻关，当企业的技术水平达不到其所需要的程度时是需要借助外界的力量来完成的。

（4）人才发展战略显著影响大型企业参与职业教育的行为。大型企业也希望通过提供实习岗位和实训设备，将企业标准培养纳入到职业院校人才培养过程。毕竟人才是企业与职业学校合作的最终目的。

（5）社会责任对大型企业参与职业教育的行为有影响。大型企业希望通过参与职业教育能够帮助职业学校的学生提高职业能力，而与学校建立和加强联系、帮助学生更好地学习理论知识以及向社会展示良好的企业形象对其行为的影响不显著。可见，大型企业的合作更加具有针对性。帮助职业学校的学生提高职业能力能够使学生更好地就业，更重要的是在培养自身所需要的人才。

（6）政府责任是否有效发挥在一定程度上影响大型企业参与职业教育的行为，其中有显著影响的因素是是否有行业组织的引导和监督。法律政策的约束与保障、企业参与职业教育的有效途径的构建、相应的激励措施对其行为影响不显著。根据前一章的内容分析我们了解到大型企业相比中小型企业对职业教育投入得更多，合作更加深入，那么说明大型企业与职业学校的合作有了一定的基础，正在有效开展，相比法律政策、激励机制、参与途径，大型企业更需要一定的引导和监督以便校企之间的合作更加顺畅。

（二）中小型企业参与职业教育行为的影响因素分析

总的来说，X_2、X_5、X_6、X_{11}、X_{12}、X_{17}、X_{19} 都在一定程度上影响中小型企业参与职业教育的行为。其中，X_5、X_{19} 影响最显著，说明了对培训成本的敏感程度和政府责任是否有效发挥是影响中小型企业参与职业教育最关键的因素。

（1）中小型企业所属的行业属性对其参与职业教育的行为有一定的影响，而中小型企业的类型并不影响其参与职业教育的行为。

（2）对培训成本的敏感程度显著影响中小型企业参与职业教育

的行为和模式。降低用工成本在1%水平上影响显著。中小型企业的规模小，资金有限，对培训成本的承担能力较弱，因此中小型企业希望与职业学校的合作能够降低其承担的成本。

（3）中小型企业的技术倾向也对其参与职业教育的行为有影响。中小型企业也希望能够通过与职业学校的合作促进企业技术人员的知识整合和更新。说明中小型企业不仅注重降低用工成本这种短期利润，在技能偏好性技术进步的影响下，中小型企业也在逐渐转变观念，促进企业技术水平的提高。

（4）中小型企业的人才发展战略也在一定程度上影响其参与职业教育的行为。虽然中小型企业能力有限，为职业学校提供的实习岗位和实训设备并不多，但是希望这些行为能够把企业的标准培养纳入职业学校的人才培养过程，同时也希望能够为正式员工提供在职培训的机会。中小型企业的实习有限，希望在和职业学校的合作中互惠互利，为职业学校提供支持的同时也得到职业学校的帮助。

（5）社会责任对中小型企业参与职业教育的行为无显著性影响。说明中小型企业的社会责任意识相对较差，并没有把参与职业教育当成是自身的责任，更多的是实现利润最大化的手段。因此与利润相比，社会责任对其参与职业教育的行为没有什么影响。

（6）政府责任对中小型企业参与职业教育的行为有显著性影响。是否有法律政策的保障以及是否有相应的激励措施都会影响中小型企业参与职业教育的行为。良好的制度环境是开展校企合作的基础，中小型企业的资金、规模和实力不及大型企业，法律政策的完善可以更好地保障其利益。也正是因为中小型企业的资金不足，比较注重成本的节约，因此需要政府适当地补偿其因为参与职业教育而付出的成本。所以，是否有相应的激励措施在很大程度上影响中小型企业参与职业教育的行为。

表 5—10　　　　　中小型企业 Ordered Probit 模型分析结果

自变量	参数估计值	标准差	Z	P
X_1	0. 1760	0. 1867	0. 94	0. 346
X_2	0. 5251**	0. 2489	2. 11	0. 035
X_4	0. 3488	0. 3062	1. 14	0. 255
X_5	0. 1002***	0. 3432	- 0. 29	0. 007
X_6	0. 5409*	0. 3263	1. 66	0. 097
X_7	0. 4408	0. 3421	1. 29	0. 198
X_8	0. 0728	0. 3440	0. 21	0. 832
X_9	0. 2974	0. 3654	0. 81	0. 416
X_{10}	- 0. 4378	0. 4019	- 1. 09	0. 276
X_{11}	0. 6700**	0. 3019	2. 22	0. 026
X_{12}	0. 1842*	0. 4540	0. 41	0. 085
X_{13}	0. 3763	0. 2868	1. 31	0. 189
X_{14}	0. 2552	0. 3439	0. 74	0. 458
X_{15}	0. 2709	0. 3639	0. 74	0. 457
X_{16}	- 0. 5568	0. 4810	- 1. 16	0. 247
X_{17}	0. 3753*	0. 3358	1. 12	0. 064
X_{18}	- 0. 7633	0. 5596	- 1. 36	0. 173
X_{19}	0. 0819***	0. 3304	0. 25	0. 004
X_{20}	- 0. 0056	0. 4371	- 0. 01	0. 990

观测数值（Number of obs）= 80

对数似然比（Log likelihood）= - 103. 76835

Prob > chi^2 = 0. 0205

伪判决系数（Pseudo R^2）= 0. 1441

注:*、**、***分别表示在 10%、5% 和 1% 水平上具有显著性。

第五节　企业参与职业教育差异化行为的影响因素的总结分析

在对所有样本运用 Ordered Probit 模型进行分析时发现,企业参与职业教育的差异化行为受到企业的个性特征、企业的技术倾向、企业的人才发展战略、政府的责任多方面因素的影响，其中企业的个性特征即企业的属性和企业的规模决定着企业参与职业教育校企合作的行为和具体的合作模式。这与第三章的理论分析结果完全一致。技术密集型企业参与校企合作层次更深入，企业规模越大，参与校企合作的程度就越高。在企业的技术倾向中，影响最显著的是促进现有技术人员的知识更新和整合。说明随着科学技术的发展，先进的技术逐渐成为企业赖以生存和发展的关键要素。在企业的人才发展战略中，通过提供实习岗位和实训设备把企业标准培养纳入到职业院校人才培养过程在1%水平上显著影响企业参与职业教育的行为。说明在技能偏好型技术进步的影响下，获得技能型人才成为企业参与校企合作的最终目标。在政府责任维度上，企业参与职业教育的有效途径的构建对企业参与职业教育的行为有显著影响。所以要想使校企合作持续稳定发展，职业学校需要提高学生的技术创新水平和能力，政府要发挥好积极作用，努力构建校企合作的有效途径。

在对不同类型、不同属性和不同规模的企业参与职业教育差异化行为影响因素分析时，发现企业类型不同，其参与职业教育的行为的影响因素也不同。

在对不同类型企业参与职业教育差异化行为的影响因素分析时发现，国有企业、合资企业和民营企业都受到企业所属的行业属性和技术倾向的影响，只是具体的指标上有所差别，国有企业希望通过与职业学校的合作促进企业技术人员的知识整合和更新，民营企业希望职业学校可以给企业带来先进的技术，而合资企业都受到这两个因素的共同影响，这也说明合资企业对技术有更高的要求，对职业学校有更高的期待。除此之外，国有企业的国有属性意味着国有企业代表了国家和政府的形象，因此，社会责任对其参与职业教育的行为有影响。一方面参与职业教育可以帮助职业学校的学生更好地学习理论知识，提高职业学校人才培养的质量；另一方面可以向社会展示良好的企业形象。合资企业与民营企业更加注重企业自身的利益，社会责任意识相对淡薄，因此社会责任对其参与职业教育的行为无显著性影响，但是企业的人才发展战略和政府责任在一定程度上影响合资企业和民营企业参与职业教育的行为。合资企业实力雄厚，资金充裕，对高技能人才有更高的需求，有能力为职业学校提供实习岗位和实训设备，当然也希望能够从中把企业的培养标准纳入到职业学校的人才培养过程。民营企业由于其相对保守的企业文化和环境，更希望通过与职业学校的合作能给企业带来新的理念和活力。而国有企业的行为并不受到其人才发展战略的影响，这是因为国有企业人员编制有限，人员变动不大，又加上国家大力扶植，在人才发展方面对职业学校的依赖度不高。在政府责任方面，合资企业受到政府是否构建企业参与职业教育的有效途径所影响，这说明合资企业参与职业教育的意愿比较强烈，但是合作途径有限。民营企业受到政策法律、激励措施和合作途径三方面因素的影响，这是因为民营企业自身实力较弱，资金有限，成本承担能力较弱，需要政府为其建立良好的政策制度环境，相应的激励补偿机制，拓宽其参与职业教育的途径。而国有企业由于国家大力扶植，政策制度完善，激励机制健全，参与职业教育的行为基本不受到政府责任的影响。

在对不同行业属性的企业参与职业教育差异化行为的影响因素分析时发现，劳动密集型企业和技术密集型企业有其共有的影响因素，即企业的规模、技术倾向和人才发展战略。不管是劳动密集型企业还是技术密集型企业，规模越大，成本承担能力越强，技能培训规模效益更加显著，参与职业教育提供技能培训的动机越强。随着技能偏好性技术进步，先进技术和高技能人才是决定企业发展的关键因素，因此技术倾向和人才发展战略对两种类型的企业参与职业教育的行为都有影响，只是在具体的指标上，由于技术密集型企业自身的属性，其对技术有更高的追求，所以技术倾向对其影响更显著。而劳动密集型企业不仅受到技术倾向的影响，对培训成本的敏感程度也在很大程度上影响其参与职业教育的行为，这也跟劳动密集型企业自身的属性密不可分。我国是制造类大国，劳动密集型企业居多，而劳动密集型企业对低成本的劳动力有很高的需求，因此成本会对其参与职业教育的行为有影响。除此之外，社会责任和政府责任也对劳动密集型企业参与职业教育的行为有影响。职业教育是国家大力发展的一种教育类型，通过与职业学校的合作可以向社会展示良好的企业形象，提高企业的知名度。而在政府责任方面，劳动密集型企业受政府是否构建了企业参与职业教育有效途径的影响。而社会责任和政府责任对技术密集型企业参与职业教育的行为并没有显著性影响。这可能是因为技术密集型企业更加关注企业自身的利益和需求，以追求先进的技术和高技能人才为最终目的，对外部环境并不十分在意。

不同规模的企业参与职业教育差异化行为的影响因素有同有异。无论是大规模企业还是小规模企业都受到企业的行业属性、技术倾向和人才发展战略、政府责任的影响。这也再次证实了技能偏好性技术进步对企业技术水平和人才发展的影响。在技术倾向上，对大型企业影响最显著的是借助外界的科研力量开展技术攻关。大型企业的规模比较庞大，绝大多数都有自己的培训机构和培养基地，对人才的培养主要依赖于企业自身。而科技水平是不断发展的，大型企业要发展必须不断更新技术，完成技术攻关，当企业的技术水平达不到其所需要的程度时就需要借助外界的力量来完成的。中小型企业受资本充足程度和企业规模的影响，没有足够的能力承担培训成本，希望通过与职业学校的合作能够促进企业技术人员的知识整合和更新。也正是因为中小型企业的规模小，资本不充足，培训成本承担能力不强，因此对培训成本的敏感程度对其参与职业教育的行为有显著影响。大型企业由于自身规模和资本实力，成本对其行为并无显著性影响，但是企业的社会责任也是大型企业参与校企合作所考虑的主要因素，可能是因为大型企业更加重视企业的形象和知名度。在政府责任方面，大型企业校企合作相对稳定，更加需要行业组织的引导和监督。而中小型企业自身的实力和经济水平有限，更加需要政策制度的引导和对成本的补偿。

第 六 章

我国企业参与职业教育的动机
偏好实证分析

第一节　我国企业参与职业教育的动机
偏好的假设设立

从前面分析可以看出，我国企业参与职业教育的行为具有明显的差异性，对于不同类型企业其影响因素有着明显的差异性。一般来说，技术进步类的变量对所有的企业都有影响，而成本因素对部分企业有着一定的影响。换句话说，企业的技术偏好性对于企业参与职业教育的行为有着重要的影响，并对不同类型的企业参与职业教育的决策行为有着深远的影响。因此，准确判断我国企业参与职业教育的动机偏好及其相互影响，对于分析不同类型企业参与职业教育的动机偏好及其决策，构建促进企业参与职业教育的政策体系具有重要的意义。

从国家看，随着技术进步的快速发展，开展企业培训偏好的实证研究，准确把握企业培训偏好逐渐成为理论研究的重点。Thomas Zwick（2008）采用 GMM 利用 IAB（LIAB）的德国雇主雇员的面板数据对德国企业培训的偏好进行分析，结果表明大多数德国企业提供学徒培养的成本偏好的动机并不比技术技能偏好的动机显著。[①] Jens Mohrenweiser（2010）的研究表明成本偏好是部分企业提供技能培训的主要动机，而其他企业则显示出技术技能偏好的特性。[②] Spyros Arvanitis（2008）的研究指出，企业提供技能培训的动机偏好与企业的技术技能需求水平、创新活动、企业历史、劳动力成本、资本密集程度等企业个性特征有着密切的联系。[③]

　　基于技能偏好性技术进步下的企业参与职业教育的策略的变迁机制，考虑到我国技能培训体系以学校为主体，企业培训行为更多地表现为企业各种参与职业教育的行为的现实，为把握我国企业参与职业教育的偏好及政策效度，本书提出以下假设：

　　H1：企业参与职业教育的行为具有成本偏好性和技术偏好性；

　　H2：企业参与职业教育的技术偏好性对企业参与职业教育的成本偏好性有调节作用；

　　H3：政府政策会对企业参与职业教育的成本偏好性和技术偏好性产生影响。

第二节　我国企业参与职业教育的动机偏好模型的构建

一　模型的选择

本部分数据依旧来源于本书依托机械企业管理研究院，对机

---

　　① Zwick T. Apprenticeship Training in Germany-Investment or Productivity Driven？［R］ftp：// ftp. zew. de/pub/zew-docs/dp/dp07023. pdf，2008.

　　② Jens Mohrenweiser，Apprenticeship training：for investment or substitution？［J］. International Journal of Manpower，2010（31）5：545 – 562.

　　③ Arvanitis，Spyros：Are firm innovativeness and firm age relevant for the supply of vocational training？ A study based on Swiss micro data，KOF working papers//Konjunkturforschungsstelle，Eidgenössische Technische Hochschule Zürich，No. 198，http：// dx. doi. org/10. 3929/ethz-a – 005582294，2008.

械行业下设的 13 个子行业的 280 个企业进行了调研所得数据。本书共发放 280 份问卷，回收 273 份，回收率 97.5%，有效问卷 269 份，有效率 98.9%。样本企业按产权来说，包含国有企业 82 个、合资企业 67 个、民营企业 104 个，外资企业 16 个（因数量较少不具有统计意义，在之后的分类数据处理中不作考虑）；按生产要素来说，包括劳动密集型企业 116 个、技术密集型企业 141 个、资本密集型企业 12 个（同样不具有统计意义）；按企业规模来看，所有的样本都达到了标准规模（即主营业务收入 500 万元以上）。根据研究需要，本书将样本企业按照规模划分为：小型企业 52 个（年产值 5000 万元以下）、中型企业 84 个（年产值 5000 万—5 亿元）、大型企业 133 个（年产值 5 亿元以上），在之后的讨论中为清晰划分企业规模，将小型企业与中型企业加总，统称为"中小型企业"。

在本章中综合运用问卷调查法和实证分析法，研究企业参与职业教育的动机偏好以及内部影响问题，具体来说就是主要通过运用 SPSS 软件的层次回归分析研究方法，介入调节变量，构建层次回归方程。在实际社会生产中，企业参与职业教育除受自身成本及技术偏好的影响外，还受到政府宏观调控或政策导向的影响。因此，本章将"政府政策"也纳入到企业参与职业教育的动机研究范围，具体分析企业参与职业教育动机中技术偏好对成本偏好的调节作用后，检验政府政策对企业参与职业教育两类主要动机偏好的调节作用，以为之后的政府政策出台提供现实基础，增强本章的实际研究意义和价值。根据研究假设分别建立线性回归方程如下：

成本偏好与企业参与职业教育之间的线性回归方程为：

$$y = \alpha_1 x_{cv} + \alpha_2 x_c + \alpha_0$$

技术偏好对企业参与职业教育之间的线性回归方程为：

$$y = \alpha_1 x_{cv} + \alpha_2 x_t + \alpha_0$$

技术偏好对成本偏好的调节方程为：

$$y = \beta_1 x_{cv} + \beta_2 x_t + \beta_3 x_c + \beta_4 x_{tc} + \beta_0$$

政府政策对技术偏好的调节方程为：

$$y = \lambda_1 x_{cv} + \lambda_2 x_p + \lambda_3 x_t + \lambda_4 x_{pt} + \lambda_0$$

政府政策对成本偏好的调节方程为：

$$y = \lambda_1{}' x_{cv} + \lambda_2{}' x_p + \lambda_3{}' x_c + \lambda_4{}' x_{pc} + \lambda_0{}'$$

其中，y 是因变量代表企业参与职业教育的行为水平；x_{cv} 代表了控制变量，本书主要选取了企业属性、企业规模和企业核心生产要素三类变量作为控制变量；x_c、x_t、x_p 分别为企业的成本偏好变量、技术偏好变量以及政府政策；x_{tc}、x_{pt}、x_{pc} 分别代表了技术和成本偏好的交互变量、政府政策与技术偏好的交互变量以及政府政策与成本偏好的交互变量；α、β、λ 是自变量 x 的系数，表示各自变量对因变量影响程度的大小，其中各回归方程中的 α_0、β_0、λ_0 均为扰动常数项，表示被模型忽略，但会对因变量产生影响的其他因素的总和。

二 变量的选取与说明

（一）因变量的选取

本书以企业参与职业教育的水平作为因变量，来研究其主要的影响因素。企业参与职业教育的方式和途径很多，具体包括：集团化办学、联合办学、董事会、行业指导委员会、教学指导委员会、人才培养方案设计、专业建设、课程设置、师资培养、技能鉴定、提供实习实训基地、顶岗实习、科技合作，等等。根据企业参与技能培训行为的调查问卷的描述，可以将企业参与技能培训的行为分为完全不参与、低水平参与和深度参与三个等级。其中，令完全不参与 =0，低层次参与 =1，深度参与 =2。

（二）自变量的选取

本书依据 Jennifer Young（1997）"针对雇主的国际比较研究"

量表，设计了包括以企业参与职业教育水平为因变量在内的多个指标的问卷，从中提取出表示企业参与职业教育的动机及影响因素的变量为"促进企业技术人员的知识更新和整合""借助外界的科研力量开展技术攻关""给企业带来新的理念和活力""给企业带来新的技术""满足季节性和特殊项目的用工需要""降低用工成本""为正式员工提供在职培训的机会"以及"法律政策的约束和保障""企业参与职业教育的有效途径""行业组织的引导和监督""相应的激励措施"11 项。以上变量均采用李克特 5 点计分法，即"不赞同""不太赞同""说不清楚""比较赞同""非常赞同"，分值分别为 1、2、3、4、5。

三　样本的信效度分析

（一）效度分析

根据调查数据中的以上题项，本研究运用因子分析，用降维的思想把 11 项分散指标转化为少数几个综合指标。根据其内部相关性将原始变量分组，使每组内变量相关性较高，组间变量相关性较低，其每组变量代表一个公共影响因子，分别反映企业参与校企合作的动机及影响因素的一个方面，结果如表 6—1、表 6—2 所示。

表6—1　　　　　　　　　量表效度分析

KMO 和 Bartlett 球形度检验		
取样足够度的 Kaiser-Meyer-Olkin 度量		0.843
Bartlett 球形度检验	近似卡方	1286.570
	df	55
	Sig.	0.000

根据表 6—1 KMO 和 Bartlett 球形度检验结果，可以得到表示企业参与校企合作动机和代表企业参与职业教育的限制性因素的这 11

个变量的 KMO 值为 0.843，Sig. 为 0.000，表明问卷效度较高，数据结果可以进行下一步的降维或回归处理。

表6—2 自变量降维处理结果（主成分提取）

	成分		
	技术偏好	政策导向	成本偏好
促进技术人员知识的更新和组合	0.731	-0.356	-0.190
借鉴外界的力量开展技术攻关	0.750	-0.331	-0.183
给企业带来新的理念和活力	0.749	-0.327	-0.272
给企业带来新的技术	0.761	-0.378	-0.132
为正式员工提供在职培训的机会	0.748	-0.188	0.016
满足季节性和特殊项目的用工需要	0.523	-0.139	0.698
降低用工成本	0.418	-0.019	0.793
缺乏法律政策的约束和保障	0.484	0.626	-0.178
企业缺乏参与职业教育的有效途径	0.557	0.669	0.010
缺乏行业组织的引导和监督	0.564	0.602	0.065
缺乏相应的激励措施	0.494	0.501	-0.173

根据表6—2因子分析的降维结果，将这些表示企业参与职业教育的动机及影响因素的自变量划分为3类：企业的技术偏好性、企业的成本偏好性和政府的政策导向性。

企业的技术偏好性是指企业参与职业教育的动机是为了获得技术技能上的进步，变量包括促进企业技术人员的知识更新和整合（X_1），借助外界的科研力量开展技术攻关（X_2），给企业带来新的理念和活力（X_3），给企业带来新的技术（X_4）以及为正式员工提供在职培训的机会（X_5）。

企业的成本偏好性是指企业根据其对成本的敏感性来考虑是否参与职业教育，变量包括满足季节性和特殊项目的用工需要（X_6）、降低用工成本（X_7）。

政府的相关政策变量有法律政策的约束与保障（X_8）、构建企业参与职业教育的有效途径（X_9）、行业组织的引导和监督（X_{10}）、相应的激励措施（X_{11}）。

（二）信度分析

为尽可能准确地检阅问卷量表可靠性，本书对样本表示自变量的成本偏好、技术偏好和政策导向相关题目分别进行可靠性分析，结果如表6—3所示：3个维度上的代表企业参与动机及影响因素的问卷Alpha系数分别在0.8以上和0.7以上，表明问卷量表具有较好的信度。

表6—3　　　　　　　　　　　量表信度分析

量表信度	
企业参与动机及影响因素	Alpha系数
技术偏好	0.875
成本偏好	0.746
政策导向	0.814

第三节　调查结果分析

本章运用SPSS 20.0软件多元线性回归分析的研究方法首先对企业的成本偏好、技术偏好与企业参与职业教育的行为水平之间的关系进行实证分析；其次运用层次回归方程进一步分析企业的技术偏好是否会对企业的成本偏好起到调节作用以及政府政策是否会影响企业参与职业教育过程当中对成本的敏感性或对技术的倾向性，以验证假设H1的结论；最后分析政府政策对于不同类型企业的作用效果是否存在差异。

一 企业参与职业教育的动机偏好分析

(一) 企业参与职业教育成本偏好和技能偏好分析

表6—4反映了多层次回归模型的统计结果。从模型2企业参与职业教育的成本偏好的统计结果来看，成本偏好对企业参与职业教育的行为产生了显著影响，相关系数为0.099，两者之间呈现正相关关系。也就是说，企业参与职业教育的决策当中，成本因素是一个重要的变量，企业参与职业教育成本得到的补偿或者弥补越多的话，企业参与职业教育的行为水平越高。企业参与职业教育有可能是为了满足季节性或特殊项目的用工需要，也有可能是为了降低技能人才培养的成本。这与绝大多数研究的企业参与职业教育的成本降低与补偿机制有助于提高企业参与的积极性的结果是一致的。

表6—4   企业的动机偏好回归分析结果

变量	企业参与职业教育的行为				
	模型1	模型2	模型3	模型4	模型5
企业属性（控制变量：国有）	0.192*	0.172	0.207**	0.187*	0.184*
	(2.520)	(2.293)	(2.755)	(2.496)	(2.467)
企业属性（控制变量：合资）	0.044*	0.045	0.058*	0.054*	0.045*
	(0.553)	(0.576)	(0.741)	(0.693)	(0.562)
生产要素（控制变量：技术）	0.109	0.111	0.084*	0.094*	0.097*
	(1.651)	(1.708)	(1.283)	(1.439)	(1.491)
生产要素（控制变量：资本）	0.008	0.055	-0.006*	0.033*	0.015*
	(0.045)	(0.335)	(-0.038)	(0.199)	(0.093)
企业类型（控制变量：大型）	0.154*	0.141*	0.169*	0.154*	0.139*
	(2.328)	(2.175)	(2.597)	(2.383)	(2.007)
企业类型（控制变量：小型）	0.006	-0.018*	-0.016	-0.026	-0.115
	(0.063)	(-20.000)	(-0.176)	(-1.180)	(-1.192)
成本偏好		0.099***		0.086**	0.091**
		(3.447)		(2.993)	(3.050)

续表

变量	企业参与职业教育的行为				
	模型 1	模型 2	模型 3	模型 4	模型 5
技术偏好			0.127 * * *	0.075 * *	0.074 * *
			(3.259)	(3.077)	(3.068)
技术偏好 × 成本偏好					- 0.072 *
					(- 2.491)
R^2	0.085	0.132	0.126	0.146	0.147
F	2.934 *	4.324 * * *	4.131 * * *	4.297 * *	3.814 *

注：括号内为 Z 值，＊＊＊表示 $p < 0.001$，＊＊表示 $p < 0.01$，＊表示 $p < 0.05$。

表 6—4 中的模型 3 企业参与职业教育的技能偏好的统计结果显示，自变量技术偏好与企业参与职业教育的行为之间的相关系数为 0.127，两者之间存在显著正相关关系。换句话说，企业的技术技能水平越高或企业对技术技能的依赖性越强，企业参与职业教育的行为水平也就越高。这说明当前我国企业技术技能的水平已经达到了足够的程度，技术技能通过提升生产效率带来的工资挤压效应，改变了企业参与职业教育的成本收益的格局，促进了企业参与职业教育的行为水平的提高。这是因为伴随着信息化工业化时代的到来，以及技术飞速发展的影响，企业对于技术的追求变得越来越重要，对于技术相匹配的技能人才的需求也随着技术的进步而变得更加迫切，企业希望通过与职业院校深度合作将企业的人才需求标准整合纳入职业院校的人才培养标准中，借助职业院校的师资、场地等培训资源，实现企业员工技术技能的更新，开展技术攻关难题，实现企业自身的技术技能水平的改进与提升，支撑企业技术创新能力的提升。

综上所述，企业参与职业教育既具有成本偏好的属性，也具有技术偏好的属性。研究假设 H1：企业参与职业教育具有成本偏好和技术偏好得到验证。

（二）企业参与职业教育的技术偏好与成本偏好的交互作用分析

根据不完全市场条件下的工资挤压理论，由于企业参与职业教育的成本偏好性来源于成本的弥补和工资挤压作用带来的成本节约，而企业参与职业教育的技术偏好性来源于技术进步提升的劳动效率带来的工资挤压效应，两者形成机制并不相同，但可以同时对企业参与职业教育的行为产生影响。而当技术水平达到一定程度后，工资挤压效应将超过培训成本，企业会获得额外的培训收益，这将导致企业对成本的敏感性下降，此时，企业参与职业教育的技术偏好动机会与成本偏好有一定的影响。

为了验证工资挤压效应下的技术偏好与成本偏好的影响，模型4将企业参与职业教育的成本偏好与技能偏好同时引入模型后，分析了企业参与职业教育的行为与技术偏好和成本偏好的共同关系，结果显示，企业参与职业教育的行为与技术偏好和成本偏好同时呈正相关关系，这说明技术偏好和成本偏好共同影响企业参与职业教育的行为水平，两者可以共同对企业参与职业教育的行为产生影响。

而将技术偏好作为中介变量，将技术偏好与成本偏好的交互作用引入模型5之后，结果显示，技术偏好与成本偏好的交互作用系数为 -0.072（$P < 0.05$）。这说明，技术偏好对成本偏好有着显著的负向交互作用。说明伴随着技术进步，当企业参与职业教育的技术偏好增强时，成本偏好对企业参与职业教育的行为影响会有所减弱。研究假设 H2 得到验证。

二　政府政策对企业参与职业教育动机偏好的影响分析

我国以学校为主体的职业教育体系中，公办院校占主体地位，因此，政府政策对于职业教育的发展有着重要的影响。

模型 6 结果显示，在引入政府政策变量以后，技能偏好与企业参与职业教育行为的相关系数由之前的 0.127 提升到了 0.133，增加了 0.006。将政府政策作为调节变量，将政府政策与技术偏好的交互作用引入模型 7 以后，结果显示，政府政策与技术偏好的交互作用系数为 0.061（P < 0.05）。模型 6 和模型 7 的统计结果表明，政府政策对企业参与职业教育的技术偏好有正的促进作用，有效地提升了企业参与职业教育的技术偏好水平。这说明，当前我国政府关于企业参与职业教育的政策有利于促进企业技术偏好的提升。政府政策中强调职业院校人才标准与企业技术需求标准的对接，注重职业院校技术技能积累能力的提升。这些政策有利于参与职业教育的企业的技术水平的提升，增加工资挤压收益水平，从而促进企业参与职业教育的动机水平的提升。

模型 8 结果显示，在引入政府政策变量以后，成本偏好与企业参与职业教育行为的相关系数由之前的 0.099 降低到了 0.097，降低了 0.002。将政府政策作为调节变量，将政府政策与成本偏好的交互作用引入模型 9 以后，结果显示，政府政策与成本偏好的交互作用系数为 −0.054（P < 0.05）。模型 8 和模型 9 的统计结果表明，政府政策对企业参与职业教育的成本偏好有负的促进作用，降低了企业参与职业教育的成本偏好水平。这是由于政府政策中对企业参与职业教育的奖励和成本补偿措施，客观地将企业参与职业教育的成本转由政府财政所负担，从而降低了企业参与职业教育对成本的敏感性，降低了企业参与职业教育的成本偏好性，企业对参与职业教育以满足周期性的用工需要，降低用工成本等成本偏好动机逐渐减弱。

由此可得出结论：政府政策对于企业参与职业教育的技术偏好性动机和成本偏好性动机均会产生影响，但会产生不同的结果。政府政策提升了企业参与职业教育的技术偏好性，而降低了企业参与职业教育的成本偏好性。研究假设 H3 得到验证。

表6—5　　　　　　　　　政府政策的调节作用回归分析结果

变量	企业参与职业教育的行为				
	模型1	模型6	模型7	模型8	模型9
企业属性（控制变量：国有）	0.192*	0.203*	0.194*	0.168	0.167
	(2.520)	(2.721)	(2.567)	(2.241)	(2.236)
企业属性（控制变量：合资）	0.044	0.047*	0.045*	0.038	0.039
	(0.553)	(0.580)	(0.566)	(0.470)	(0.481)
生产要素（控制变量：技术）	0.109	0.090*	0.096*	0.118	0.115
	(1.651)	(1.374)	(1.391)	(1.812)	(1.762)
生产要素（控制变量：资本）	0.008	-0.025*	-0.023*	0.034	0.030
	(0.045)	(-0.153)	(-0.149)	(0.203)	(0.180)
企业类型（控制变量：大型）	0.154*	0.152*	0.148*	0.129	0.122
	(2.328)	(2.189)	(2.007)	(1.855)	(1.743)
企业类型（控制变量：小型）	0.006	-0.098*	-0.097*	-0.018*	-0.016*
	(0.063)	(-1.011)	(-1.010)	(-0.193)	(-0.171)
政府政策		0.096*	0.090*	0.073*	0.076*
		(2.049)	(2.009)	(2.270))	(2.408)
技术偏好		0.133***	0.130**		
		(3.286)	(3.139)		
政府政策×技术偏好			0.061*		
			(1.850)		
成本偏好				0.097***	0.098***
				(3.513)	(3.322)
政府政策×成本偏好					-0.054*
					(-1.606)
R^2	0.085	0.127	0.126	0.132	0.133
F	2.934	3.622**	3.211*	3.772**	3.386*

注：括号内为 Z 值，＊＊＊表示 $p < 0.001$，＊＊表示 $p < 0.01$，＊表示 $p < 0.05$。

综合以上分析，我们可以得出企业参与职业教育的动机偏好及影响路径，如图 6—1 所示，企业在参与职业教育的过程中既表现出一定的成本偏好性，也表现出对于技术偏好的动机。而在工资挤压效应的作用下，企业参与职业教育的技术偏好会对成本偏好具有一定的调节作用，即随着企业技术倾向性的增强，会降低企业对成本的敏感程度，从而降低企业参与职业教育行为中的成本偏好。而政府政策作为一个外生变量会对企业参与职业教育的技术偏好和成本偏好产生调节作用。政府政策对企业参与职业教育的技术偏好产生正向影响，对企业参与职业教育的成本偏好产生负向调节。

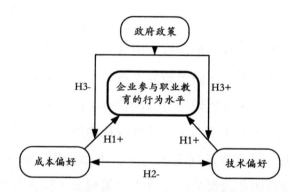

图 6—1　企业参与职业教育的动机偏好与政府政策作用机制分析

第 七 章

风险状态下企业参与职业教育的
最优行为决策分析

企业参与职业教育的最优行为决策在提高企业收益、降低风险等方面具有重要意义。不同类型的企业基于本行业特征或生产属性的要求对参与职业教育所做的行为决策有不同倾向，而一些不确定性风险的存在使企业在参与职业教育过程中追求收益最大化的行为变得难以实施。因此在不确定风险下，本章运用 Target-MOTAD 模型构建企业参与职业教育的最优行为决策模型，深入分析不同企业在风险变动时参与职业教育的行为变化趋势，从而为提高企业收益，从根本上促进企业参与职业教育的积极性，提升校企合作水平提出针对性可行建议。

第一节　模型构建

一　Target-MOTAD 改进模型方法概述

Target-MOTAD 模型是 Taur（1983）在总绝对方差最小（MO-TAD）模型的基础上定义提出的，该模型消除了 MOTAD 模型中生产者效用函数必须是二次函数的限定，并且这一模型可以假设生产者效用函数对收益递增而对风险递减（Berbel，1990）。由于存在以上优势，Target-MOTAD 模型在国内外得到了广泛应用。国内运用该模型方法主要集中在风险条件下每种自然状态发生概率为等值恒定时农业生产经营策略的研究，但在实际企业参与职业教育的过程中外部市场环境或技术技能水平的变化在一段时期内往往不是等概率出现的。本书拟对技术风险概率不确定条件下不同类型企业参与职业教育的最优行为决策组合进行深入研究，重点对 Target-MO-TAD 模型的风险概率部分进行改进，使模型更贴近实际校企合作情况，以期为企业不同风险状态下的参与行为和方案提供借鉴。

二　企业参与职业教育过程中的风险分析

所谓"风险"就是指生产投入与劳动成果之间的不确定性，多数情况下表现为收益不确定性，说明风险产生的结果可能带来损失、利益或是无损失也无利益。一般来说，风险与收益是成正比的，积极进取的投资者偏向于高风险是为了获得更高的利润，而稳健型投资者则侧重于安全性的考虑。而对于校企合作，企业在参与职业教育过程中承担的风险就是指企业的成本、技术资源投入不能换取期望的经济收益或技能提高，其来源主要受两类不确定性因素影响，包括技术进步导致的外部环境风险和企业自身内部的产能因素，企业不仅受技术进步带来的市场环境需求或供给波动所造成的市场不确定性影响，同时也会受到企业自身资本流动、生产资料缺失等内部因素造成的产能不确定性影响。

由于企业自身内部的产能风险是每种类型企业在经营过程中都可能存在的普遍性风险，对企业参与职业教育的行为决策影响不大，且不会通过人为控制或改变参与行为达到降低风险的效果，因此不具有个案研究意义，本研究"风险状态下企业参与职业教育的行为决策研究"中的"风险"则主要指的是技术进步对企业参与职业教育行为的影响。而这种"风险"形成具体来说就是，技术进步会带来企业技术发展水平不同程度的提升，而当企业在与职业院校合作的某种模式中其参与人才培养的决策权和话语权又得不到保证的情况下，就会导致一定周期内职业院校的人才培养标准不能及时随企业技术发展水平的变化而调整，造成职业院校人才培养与企业用人需求标准不符的现状。不同企业对技术进步的追求程度和应对能力不同，为保证自身最大收益所选择的参与行为就不同，进而面临的风险程度也有所差异。而技术进步得越快越高，企业在参与职业教育时面临的风险越大，也就越需要企业与职业院校之间建立一个深入稳固的合作沟通模式。

三　Target-MOTAD 模型的建立及参数说明

根据分析需要，本研究建立以下形式的 Target-MOTAD 模型：

$$\text{MaxE(z)} = \sum_{j=1}^{n} c_j x_j \tag{7—1}$$

$$\text{s. t.} \quad \sum_{j=1}^{n} a_j x_j \leqslant B \tag{7—2}$$

$$\sum_{j=1}^{n} c_{rj} x_j - y_r \geqslant T \tag{7—3}$$

$$\sum_{r=1}^{s} p_r y_r = \lambda \quad (\lambda = \text{M} \rightarrow \text{正无穷}) \tag{7—4}$$

在以上模型中，其中式（7—1）为目标函数，E（z）表示企业参与职业教育的期望收益，c_j 表示企业参与职业教育的第 j 项投资行为的收益，x_j 表示企业第 j 项参与行为的规模。式（7—2）为企业参与职业教育的投入规模限制，a_j 表示企业第 j 项参与行为的成本投入需求，B 表示企业参与职业教育的总体投入成本限制。式（7—3）表示在风险状态 r 下企业收益与设定的目标收益之间的差值，其中 c_{rj} 表示在风险状态 r 下企业第 j 项参与行为的实际收益，y_r 表示企业实际收益与目标收益的偏差，T 表示目标收益。式（7—4）是 Target-MOTAD 模型的关键部分，表示企业参与职业过程中面临风险的强弱，λ 表示企业参与职业教育过程中的风险值，在原模型中 p_r 表示风险状态 r 发生的概率，且恒定等于 $1/s$（s 表示本项调研活动的观测周期，在农户农业生产经营策略研究中用来表示所观测到的样本农户进行农业生产的周期数，即年数）。而在实际校企合作中，由于不同企业面对技术变化等外部环境风险的承受能力和反应程度不同，表示其风险状态的 p_r 也不同，无法对所有企业做统一恒定的设定，因此本研究舍去对风险状态发生概率的界定，规定不同风险状态下的收益差值 y_r 分别对应随企业类型不断变动的风险值 λ，即 $y_r = λ$，λ 取值范围为 $[0, M]$，M 为足够大的正数。

　　为了更清楚地表示风险值与企业目标收益之间的关系，将式（7—4）代入式（7—3）得：$λ = T - \sum_{j=1}^{n} c_{rj} x_j$（当 $T - \sum_{j=1}^{n} c_{rj} x_j \geq 0$ 时成立，当 $T - \sum_{j=1}^{n} c_{rj} x_j < 0$ 时，$λ = 0$），由此式可以看出，企业参与职业教育面临的风险是目标收益与实际收益偏差的增函数，λ 最大为给定目标收益 T 下能获得最大期望收益时的值。在给定的目标收益 T 下，随着风险值 λ 逐渐减小，企业参与职业教育所面临的风险程度逐渐降低，最优行为决策组合也随之发生变化。

　　在模型所需参数方面，本研究根据调查问卷首先确定共八种企业参与职业教育的行为模式，分别是：①企业依托职业院校进行员工培训；②企业为职业院校提供技术指导或支持；③企业学校开展科技攻关合作；④接受来企业实习实践的职业院校师生；⑤企业参与职业院校人才培养过程；⑥企业向职业院校提供设备；⑦企业向职业院校投入经费；⑧企业与职业院校联合办学。在以上行为模式中，⑥、⑦项属于企业简单的成本动机偏好行为，其余六种均是企业不同程度的技术动机偏好行为。

　　在每种参与行为的成本收益方面，根据调查问卷数据结果可得：不同类型企业的目标收益不同，企业目标收益 T 值由问卷中 D

类部分"企业对职业院校学生的评价"第 4 题相关题目确定，表示企业对职业院校学生在知识、能力、素养方面综合期望的平均值；企业各项参与行为的实际收益由问卷 E 类部分"校区合作实际水平"的平均值确定，其中题目 20 "企业依托职业院校进行员工培训"代表参与行为①，题目 18 "企业为职业院校提供了兼职教师"代表参与行为②，题目 14 "企业与学校联合开展科技攻关合作"代表参与行为③，题目 15、题目 16 "企业为学生提供了实习岗位、为教师提供了实践机会"代表参与行为④，题目 7—题目 13 "企业参与学校教学指导委员会、参与职业学校课程建设"等代表参与行为⑤，题目 17、题目 19 "企业为学校提供实习实训设备"等代表参与行为⑥，题目 21 "企业向学校投入办学经费"代表参与行为⑦，题目 4—题目 6 "企业与职业学校共建职教集团"等代表参与行为⑧。这些参与行为的总体投入成本规模由"企业员工培训教育经费""企业向合作院校投入经费"和"企业技术研发经费"三项构成。而具体每一项参与行为的单位投入成本则由问卷 C 类部分"企业人力资源和培训情况"中的相关题目信息确定。此外，因成本投入核算需要，本书在国家统计局网站上查找了不同类型企业员工平均工资的官方数据，便于模型的整理和计算，如表 7—1 所示。

表 7—1　　　　　　　　　2016 年各类型企业员工平均工资

企业类型	大型企业	中小型企业	技术密集型企业	劳动密集型企业	国有企业	私营企业	总体企业
平均工资（元/月）	5430	3300	5452	3500	5200	3705	4610

另外值得注意的是，由于问卷前后涉及"企业具体投放数额"与"满意度评价"等题目的所得数据单位不统一，需要将所有有量纲数据做无量纲数据标准化处理。通俗来讲就是指将数据按比例缩

放，使之落入一个小的特定区间，以往在某些比较和评价的指标处理中会经常用到，去除数据的单位限制，将其转化为无量纲的纯数值，便于不同单位或量级的指标能够进行比较和加权。因此，本研究在运用 Lingo 求解最优模型时，需要将调查数据中有关企业以"万元"为单位的目标收益、投资规模限制、各投资行为收益及各项投入成本无量纲标准化，便于与问卷中的评价及满意度指数共同完成 Target-MOTAD 模型的参数构建与演变。

第二节　基于 Target-MOTAD 模型的企业参与职业教育最优决策分析

Target-MOTAD 模型的求解过程具体包括以下三个步骤：首先，确定目标收益 T；其次，在给定的目标收益 T 值下算出企业能获得最大收益的行为决策组合，并以此确定 λ 的最大值；最后，动态求解风险值 λ 在逐渐减小的过程中企业参与职业教育的不同行为组合，也即不同风险状态下的最优行为决策组合。表 7—2、表 7—3、表 7—6、表 7—7、表 7—10、表 7—11 分别列出了不同类型企业（包括大型企业和中小型企业、技术密集型企业和劳动密集型企业、国有企业和私营企业，因资本密集型企业和外资企业所得问卷数据过少，不列入本章节研究）以及总体水平下企业参与职业教育各项行为的投入成本、收益及规模限制情况；表 7—4、表 7—5、表 7—8、表 7—9、表 7—12、表 7—13 则分别列出了对应类型企业不同风险状态下参与职业教育的最优行为决策组合。

一　不同规模企业参与职业教育行为决策的比较及分析

根据表 7—2 所列相关信息，可得到大型企业参与职业教育的 Target-MOTAD 模型方程①：

表7—2 大型企业参与职业教育各项行为投入的成本及收益情况

参与职业教育行为	单位投入成本（万元）	标准化处理成本	单位实际收益
①企业依托职业院校进行员工培训	100	1.80	1.35
②为职业院校提供技术指导或支持	24	1.06	1.18
③企业与学校开展科技攻关合作	600	6.29	1.21
④接受来企业实习实践的院校师生	144	2.15	1.66
⑤企业参与职业院校人才培养过程	95	1.70	1.05
⑥企业向职业院校提供设备	96	1.71	1.07
⑦企业向职业院校投入经费	57.6	1.16	1.20
⑧企业与职业院校联合办学	38.4	1.39	1.12

$$\max = 3.3 \times x1 + 3.5 \times x2 + 4.3 \times x3 + 2.8 \times x4 + 3.9 \times x5 + 3.3 \times x6 + 2.4 \times x7 + 4.1 \times x8 + 0 \times y;$$

$$1.8 \times x1 + 1.06 \times x2 + 6.29 \times x3 + 2.15 \times x4 + 1.70 \times x5 + 1.71 \times x6 + 1.16 \times x7 + 1.39 \times x8 \leqslant 9.77;$$

$$1.8 \times x1 + 1.06 \times x2 + 2.15 \times x4 \leqslant 2.63;$$

$$32.32 - 1.35 \times x1 - 1.18 \times x2 - 1.21 \times x3 - 1.66 \times x4 - 1.05 \times x5 - 1.07 \times x6 - 1.2 \times x7 - 1.12 \times x8 - 23 = 0。$$

表7—3 中小型企业参与职业教育各项行为投入的成本及收益情况

参与职业教育行为	单位投入成本（万元）	标准化处理成本	单位实际收益
①企业依托职业院校进行员工培训	19	1.55	1.23
②为职业院校提供技术指导或支持	5.4	1.13	1.16
③企业与学校开展科技攻关合作	126.4	4.89	1.19
④接受来企业实习实践的院校师生	11.3	1.31	1.56
⑤企业参与职业院校人才培养过程	51.5	2.56	0.91
⑥企业向职业院校提供设备	36.9	2.11	0.93
⑦企业向职业院校投入经费	22.1	1.65	1.50
⑧企业与职业院校联合办学	14.7	1.42	0.93

根据表7—3所列相关信息，得到中小型企业参与职业教育的Target-MOTAD模型方程②：

$$max = 3.8 \times x1 + 3 \times x2 + 2.5 \times x3 + 2.8 \times x4 + 3.2 \times x5 + 3.5 \times x6 + 4 \times x7 + 2 \times x8 + 0 \times y;$$

$$1.5 \times x1 + 1.1 \times x2 + 4.89 \times x3 + 1.31 \times x4 + 2.56 \times x5 + 2.11 \times x6 + 1.65 \times x7 + 1.42 \times x8 \leq 10.39;$$

$$1.5 \times x1 + 1.1 \times x2 + 1.3 \times x4 \leq 3.0;$$

$$31.28 - 1.23 \times x1 - 1.16 \times x2 - 1.19 \times x3 - 1.56 \times x4 - 0.91 \times x5 - 0.93 \times x6 - 1.5 \times x7 - 0.93 \times x8 - y = 0。$$

将上文确定的参数分别代入模型，已得到以上两种类型企业Target-MOTAD模型的计算方程，运用Lingo软件进行模拟计算，可以得到不同目标收益和不同风险状态下企业的最优决策组合。表7—4给出了不同风险状态下大型企业最优行为决策组合的结果，表7—5给出了不同风险状态下中小型企业最优行为决策组合的结果。

表7—4 不同风险状态下大型企业的最优行为决策组合（T=32.32）

企业参与行为	组合1	组合2	组合3	组合4
最大收益	29.74	27.67	25.74	23.82
风险值 λ	23.64（max）	23.1	22.6	22.1（min）
①企业依托职业院校进行员工培训	*	*	*	*
②为职业院校提供技术指导或支持	2.48	2.48	2.48	2.48
③企业与学校开展科技攻关合作	*	*	*	*
④接受来企业实习实践的院校师生	*	*	*	*
⑤企业参与职业院校人才培养过程	*	*	*	*
⑥企业向职业院校提供设备	*	*	*	*
⑦企业向职业院校投入经费	*	2.03	3.92	5.90
⑧企业与职业院校联合办学	5.14	3.44	1.87	0.30

注：*代表该投资模式没有进入相应的决策组合。

从表7—4可以看出，当大型企业的目标收益 T 为 32. 32 时，风险值 λ 的取值范围为 [22. 1，23. 64]（因运算数据是经无量纲化处理后的数据，故企业面临的风险程度取值及变动范围较小）。当风险值 λ = 23. 64 时，实际收益值 29. 74 是大型企业在风险状态下能获得的最大收益，这说明在风险值 λ 大于 23. 64 时，大型企业的 Target-MOTAD 模型呈线性并递减，在 λ 小于 22. 1 时，此模型方程无最优解，参与行为组合 1—4 即是在风险值可变范围内大型企业在参与职业教育过程中的最优行为决策组合。λ = 23. 64 时的组合 1 是风险偏好型的大型企业在目标收益限制下能获得最大收益的行为组合，包括 2. 48 个单位的"为职业院校提供技术指导或支持"和 5. 14 个单位的"企业与职业院校联合办学"，其余六种投资模式没有进入该决策组合。随着风险值 λ 的减小，可以看出大型企业选择"为职业院校提供技术指导或支持"的投资行为力度没有发生变化，而"与职业院校联合办学"的投资行为规模在不断减小，直至减小为有最优解条件下 λ 值为 22. 1 时的 0. 30 个投入单位，相应地，投资模式⑦"企业向职业院校投入经费"随着风险程度的降低进入了大型企业参与行为决策的最优组合，并且投入规模不断增大，在模型有解风险值最小时呈现为 5. 90 个单位的投入力度。

比较不同风险状态下大型企业在参与职业教育过程中的最优行为决策可以看出，除"为职业院校提供技术指导或支持"这项投资行为规模不变外，企业随着风险值的降低减小了"与职业院校开展联合办学"的投入规模，出现并增大了"企业向职业院校投入经费"的投入规模，表明"企业与职业院校开展联合办学"具有相对较大的投资风险，从而企业愿意选择单纯向职业院校投入经费以获取短期利益达到降低风险的效果。这也可以理解为，为了规避风险企业会变动自身在参与职业教育时的投资决策。当企业所属的产业领域中技术发展水平快速，即风险较高时，相对于"向职业院校投入经费"这种纯投资"保本"行为，大型企业往往会选择"与职业院校开展联合办学"这种投资模式来获取长远上的最大收益；而在外界技术进步趋势不明显，即风险较低时，大型企业则比较倾向于选择并加大"向职业院校投入经费"模式的投入来保证自身实际收益。模式②"向职业院校提供技术指导或支持"在风险程度变动前后的投入规模相同，说明不论何种风险状态下这种参与行为是当前大型企业构成目标收益下最优行为决策的必要部分，也是大型企业普遍倾向选择的参与行为。

此外，观察表格发现，大型企业参与行为组合1—组合4中的最大收益均没有达到企业的目标收益值32.32，若将原模型中企业的投入总规模限制由原来的9.77提高到12，通过计算得出风险值最小时的实际最优收益可达到36.03，超过了现在的目标收益值，行为组合为投入1.69个单位的模式②"企业向职业院校提供技术指导或支持"、7.34个单位的模式⑧"企业与职业院校联合办学"。可见调查范围内大型企业对本企业参与职业教育的总规模投入和行为决策还没有达到最优，尚有优化的空间。

表7—5　不同风险状态下中小型企业的最优行为决策组合（T=31.28）

投资行为	组合1	组合2	组合3	组合4
最大实际收益	26.68	25.98	25.58	25.19
风险值 λ	21.18（max）	21	20.9	20.8（min）
①企业依托职业院校进行员工培训	*	*	*	*
②为职业院校提供技术指导或支持	2.72	1.61	0.98	0.36
③企业与学校开展科技攻关合作	*	*	*	*
④接受来企业实习实践的院校师生	*	0.95	1.48	2
⑤企业参与职业院校人才培养过程	*	*	*	*
⑥企业向职业院校提供设备	*	*	*	*
⑦企业向职业院校投入经费	4.63	4.63	4.63	4.63
⑧企业与职业院校联合办学	*	*	*	*

注：*代表该投资模式没有进入相应的决策组合。

从表7—5可以看出，当中小型企业的目标收益 T 为31.28时，风险值 λ 的取值范围为 ［20.8，21.18］。当风险值 λ=21.18 时，实际收益26.68是中小型企业在风险状态下能获得的最大收益，同理大型企业的说明，在 λ 大于21.18时，中小型企业的 Target-MO-TAD 模型呈线性并递减，在 λ 小于20.8时，此模型方程无最优解，投资行为组合1—组合4即是在风险值可变范围内中小型企业的最优投资行为组合。λ=21.18 时的组合1是风险偏好型的中小企业在目标收益限制下能获得最大实际收益的组合，包括2.72个单位的"为职业院校提供技术指导或支持"和4.63个单位的"企业向职业院校投入经费"，其余六种投资模式没有进入该决策组合。随着风险值 λ 的减小，可以看出企业选择"向职业院校投入经费"的投资行为力度没有发生变化，而"为职业院校提供技术指导或支持"的投资行为力度在不断减小，直至减小为有最优解条件下 λ 为20.8时的0.36个投入单位，相应地，投资模式④"接受来企业实习实践的院校师生"随着风险程度的降低进入了中小企业选择的最优行为组合，并且投资力度不断增大，在模型有解风险值最小时呈现为2个单位的投入力度。

比较不同风险状态下中小型企业在参与职业教育投资时的最优行为决策可以看出，除"向职业院校投入经费"这项投资行为规模不变外，企业随着风险值的降低减小了"为职业院校提供技术指导或支持"的投入规模，增大了"接受来企业实习实践的院校师生"的投入规模，表明"为职业院校提供技术指导或支持"具有相对较大的风险，而职业院校师生来企业实习实践可以降低风险。这也可以理解为，为了规避风险企业会变动自身在参与职业教育时的投资决策。对于中小型企业来说，"为职业院校提供技术指导或支持"这种模式在某种程度上对企业在职业院校中掌握自主权和话语权的要求要高于"接受来企业实习实践的院校师生"这种模式，继而在参与风险上也会高于后者，所以风险规避型中小企业更愿意选择并加大"接受来企业实习实践的院校师生"，风险偏好型中小企业则比较倾向于选择"提供技术指导或支持"这种模式。模式⑦"向职业院校投入经费"在风险程度变动前后的投入规模相同，说明这种投资行为是中小型企业构成"目标收益"下不同行为决策的主要部分，也是中小型企业普遍倾向选择的投资行为，具有低风险特征。

同理，中小型企业投资行为组合1—组合4中的最大实际收益也没有达到企业的目标收益值31.28，将原模型中企业的投入总规模限制由原来的10.4提高到15，通过计算得出风险值最小时的实际最优收益可达到32.16，超过了现在的目标收益值，行为组合为投入2个单位的模式①"企业依托职业院校进行员工培训"、3.11个单位的模式⑥"企业向职业院校提供设备"和3.42个单位的模式⑦"企业向职业院校投入经费"。可见，调查范围内中小型企业对本企业参与职业教育的总规模投入和行为决策也没有达到最优，尚有优化的空间。

综合对比由实际调查数据得到的表7—4和表7—5运算结果可以发现，在面对外部市场环境变化或技术进步造成的风险程度增大时，大型企业为获取最大收益往往会不断减少向职业院校的经费投入等纯投资行为而增大职业院校具体人才培养过程中的参与水平等技术动机偏好行为，这说明大型企业在技术进步时对职业教育的投资更加注重技术技能的提高或开发，其参与职业教育的技术动机偏好具有明显不断增强的趋势；相对于大型企业来说，中小型企业在外部风险增大时，其在参与职业教育过程中除向职业院校投入经费的纯投资行为保持必要和不变外，在自身可承担范围内为职业院校提供一定技术指导或支持的力度增大，同时对院校师生实习实践的可接受度不断降低，并没有体现出明显的技术动机偏好增强趋势，成本偏好行为依然占主要部分。

从上述实证分析可以得出结论：技术变化时，相对于中小型企业，大型企业参与职业教育的技术偏好动机会增强，为获取最大收益应加大技术投资行为力度。

二 不同生产要素企业参与职业教育行为决策的比较及分析

表7—6　　技术密集型企业参与职业教育各项行为投入的成本及收益情况

参与职业教育行为	单位投入成本（万元）	标准化处理成本	单位实际收益
①企业依托职业院校进行员工培训	36	1.44	1.43
②为职业院校提供技术指导或支持	13	1.09	1.55
③企业与学校开展科技攻关合作	270	4.97	1.37
④接受来企业实习实践的院校师生	62.8	1.84	1.71
⑤企业参与职业院校人才培养过程	93.2	1.86	1.85
⑥企业向职业院校提供设备	28.5	1.32	1.38
⑦企业向职业院校投入经费	42.7	1.54	0.93
⑧企业与职业院校联合办学	71.2	1.97	1.23

根据表7—6所列相关信息，得到技术密集型企业参与职业教育的 Target-MOTAD 模型方程③：

$$max = 3.4 \times x1 + 4 \times x2 + 4.5 \times x3 + 3.7 \times x4 + 4.7 \times x5 + 3.2 \times x6 + 2.9 \times x7 + 3.9 \times x8 + 0 \times y;$$

$$1.44 \times x1 + 1.09 \times x2 + 4.97 \times x3 + 1.84 \times x4 + 1.86 \times x5 + 1.32 \times x6 + 1.54 \times x7 + 1.97 \times x8 \leqslant 10.37;$$

$$1.44 \times x1 + 1.09 \times x2 + 1.84 \times x4 \leqslant 2.91;$$

$$32.80 - 1.43 \times x1 - 1.55 \times x2 - 1.37 \times x3 - 1.71 \times x4 - 1.85 \times x5 - 1.38 \times x6 - 0.93 \times x7 - 1.23 \times x8 - y = 0。$$

表7—7　　劳动密集型企业参与职业教育各项行为投入的成本及收益情况

参与职业教育行为	单位投入成本（万元）	标准化处理成本	单位实际收益
①企业依托职业院校进行员工培训	60	1.93	1.24
②为职业院校提供技术指导或支持	9.8	1.10	1.09
③企业与学校开展科技攻关合作	240	4.94	0.99
④接受来企业实习实践的院校师生	24.8	1.29	1.51
⑤企业参与职业院校人才培养过程	139	3.34	0.81
⑥企业向职业院校提供设备	17.2	1.16	0.92
⑦企业向职业院校投入经费	25.8	1.31	0.96
⑧企业与职业院校联合办学	43	1.62	0.88

根据表7—7所列相关信息，得到劳动密集型企业参与职业教育的 Target-MOTAD 模型方程④：

$$max = 3.5 \times x1 + 3.2 \times x2 + 2.5 \times x3 + 4 \times x4 + 2.8 \times x5 + 2.7 \times x6 + 3.3 \times x7 + 3 \times x8 + 0 \times y;$$

$$1.93 \times x1 + 1.10 \times x2 + 4.94 \times x3 + 1.29 \times x4 + 3.34 \times x5 + 1.16 \times x6 + 1.31 \times x7 + 1.62 \times x8 \leq 10.72;$$

$$1.8 \times x1 + 1.0 \times x2 + 2.3 \times x4 \leq 2.59;$$

$$32.24 - 1.24 \times x1 - 1.09 \times x2 - 0.99 \times x3 - 1.51 \times x4 - 0.81 \times x5 - 0.92 \times x6 - 0.96 \times x7 - 0.88 \times x8 - y = 0。$$

将上文确定的参数分别代入模型，已得到以上两种类型企业 Target-MOTAD 模型的计算方程，运用 Lingo 软件进行模拟计算，可以得到不同目标收益和不同风险状态下两种企业的最优决策组合。表7—8给出了不同风险状态下技术密集型企业最优行为决策组合的结果，表7—9给出了不同风险状态下劳动密集型企业最优行为决策组合的结果。

表7—8　　　不同风险状态下技术密集型企业的最优行为决策组合

（ T =32. 80）

投资行为	组合 1	组合 2	组合 3	组合 4
最大实际收益	29. 52	29. 22	29. 02	28. 82
风险值 λ	21. 25（max）	21. 1	21. 0	20. 9（min）
①企业依托职业院校进行员工培训	*	*	*	*
②为职业院校提供技术指导或支持	2. 66	2. 66	2. 66	2. 66
③企业与学校开展科技攻关合作	*	*	*	*
④接受来企业实习实践的院校师生	*	*	*	*
⑤企业参与职业院校人才培养过程	4. 02	2. 47	1. 41	0. 35
⑥企业向职业院校提供设备	*	2. 18	3. 67	5. 16
⑦企业向职业院校投入经费	*	*	*	*
⑧企业与职业院校联合办学	*	*	*	*

注：＊代表该投资模式没有进入相应的决策组合。

　　根据表7—8得到的数据结论，当技术密集型企业的目标收益 T 为32. 80时，风险值 λ 的取值范围为［20. 9，21. 25］。当风险值 λ =21. 25时，实际收益值29. 52是技术密集型企业在风险状态下能获得的最大收益，这说明在风险值 λ 大于21. 25时，技术密集型企业的 Target-MOTAD 模型呈线性并递减，在 λ 小于20. 9时，此模型方程无最优解，行为决策组合1—组合4即是在风险值可变范围内技术密集型企业在参与职业教育过程中的最优行为决策组合。λ = 21. 25时的组合1是风险偏好型的技术密集型企业在目标收益限制下能获得最大实际收益的行为组合，包括2. 66个单位的"为职业院校提供技术指导或支持"和4. 02个单位的"企业参与职业院校人才培养过程"，其余六种参与模式没有进入该决策组合。随着风险值 λ 的减小，可以看出技术密集型企业选择"为职业院校提供技术指导或支持"的参与行为力度没有发生变化，而"具体参与职业院校的人才培养过程"的参与行为规模在不断减小，直至减小为有

最优解条件下 λ 值为 20.9 时的 0.35 个投入单位，相应地，参与模式⑥"企业向职业院校提供设备"随着风险程度的降低进入了技术密集型企业行为决策的最优行为组合，并且投入规模不断增大，在模型有解风险值最小时呈现为 5.16 个单位的投入力度。

　　比较不同风险状态下技术密集型企业在参与职业教育投资时的最优行为决策可以看出，除"为职业院校提供技术指导或支持"这项参与行为规模不变外，企业随着风险值的降低减小了自身"参与职业院校人才培养过程"的投入规模，出现并增大了"企业向职业院校提供设备"的投入规模，这表明"企业参与职业院校人才培养过程"具有相对较大的参与风险，其中的风险来源于企业在参与职业教育过程中的自主能动性得不到保障，从而企业愿意选择以"向职业院校提供设备"的方式快速获取利益来降低经济风险。这也可以理解为，为了规避风险技术密集型企业会变动自身在参与职业教育时的投资决策，相比于"深入参与到职业院校人才培养过程"，低风险时技术密集型企业会选择并加大"向职业院校提供设备"模式的投入来保证自身实际收益，而高风险时技术密集型企业则比较倾向于选择"参与职业院校人才培养过程"这种投资模式来获取最大收益。模式②"为职业院校提供技术指导或支持"在风险程度变动前后的投入规模相同，说明这种投资行为是当前技术密集型企业构成"目标收益"下最优行为决策的必要部分，也是技术密集型企业普遍倾向选择的参与行为。

　　此外，和其他类型企业一样，技术密集型企业行为决策组合1—组合 4 中的最大实际收益均没有达到企业的目标收益值 32.80，若将原模型中企业的投入总规模限制由原来的 10.37 提高到 14，通过计算得出风险值最小时的实际最优收益可达到 33.86，超过了现在的目标收益值，行为组合为投入 2.66 个单位的模式②"企业为职业院校提供技术指导或支持"、1.23 个单位的模式⑤"企业参与职业院校人才培养过程"和4.47个单位的模式⑧"企业与职业院校联合办学"。可见调查范围内技术密集型企业对本企业参与职业教育的总规模投入和行为决策还没有达到最优，尚有优化的空间。

表7—9　　　不同风险状态下劳动密集型企业的最优行为决策组合

(T = 32.24)

投资行为	组合1	组合2	组合3	组合4
最大实际收益	28.12	27.64	27.00	26.69
风险值 λ	23.65（max）	23.5	23.3	23.2（min）
①企业依托职业院校进行员工培训	*	*	*	*
②为职业院校提供技术指导或支持	2.59	2.59	2.59	2.59
③企业与学校开展科技攻关合作	*	*	*	*
④接受来企业实习实践的院校师生	*	*	*	*
⑤企业参与职业院校人才培养过程	*	*	*	*
⑥企业向职业院校提供设备	*	2.13	4.99	6.42
⑦企业向职业院校投入经费	6.00	4.12	1.59	0.32
⑧企业与职业院校联合办学	*	*	*	*

注：*代表该投资模式没有进入相应的决策组合。

从表7—9可以看出，当劳动密集型企业的目标收益 T 为32.24时，风险值 λ 的取值范围为 [23.2，23.65]。当风险值 λ = 23.65时，实际收益28.12是劳动密集型企业在风险状态下能获得的最大收益，同理技术密集型企业的说明，在 λ 大于23.65时，劳动密集型企业的 Target-MOTAD 模型呈线性并递减，在 λ 小于23.2时，此模型方程无最优解，行为决策组合1—组合4即是在风险值可变范围内劳动密集型企业的最优行为决策组合。λ = 23.65时的组合1是风险偏好型的劳动密集型企业在目标收益限制下能获得最大实际收益的组合，包括2.59个单位的"为职业院校提供技术指导或支持"和6个单位的"企业向职业院校投入经费"，其余六种投资模式没有进入该决策组合。随着风险值 λ 的减小，可以看出劳动密集型企业选择"为职业院校提供技术指导或支持"的参与行为力度没有发生变化，而"企业向职业院校投入经费"的投入行为力度在不断减小，直至减小为有最优解条件下 λ 为 23.2 时的 0.32 个投入单位，相应地，投资模式⑥"企业向职业院校提供设备"随着风险程度的降低进入了劳动密集型企业选择的最优行为组合，并且投资力度不断增大，在模型有解风险值最小时呈现为 6.42 个单位的投入力度。

比较不同风险状态下劳动密集型企业在参与职业教育时的最优行为决策可以看出，除"向职业院校提供技术指导或支持"这项参与行为规模不变外，企业随着风险值的降低减小了"向职业院校投入经费"的投入规模，增大了"向职业院校提供设备"的投入规模，表明企业"向职业院校投入经费"具有相对较大的风险，而"为职业院校提供设备"在一定程度上可以降低风险。这是因为，虽然"经费投入"和"设备投入"在动机上都属于企业参与职业教育的成本偏好行为，但从劳动密集型企业的行为模型来看，"经费投入"的单位成本相对"设备投入"来说较高，单位获利也较高，符合"高风险，高收益"的投资特征。这也可以理解为，为了规避风险劳动密集型企业会变动自身在参与职业教育时的投资决策，相比于"向职业院校投入经费"，风险规避型企业更愿意选择并加大"向职业院校提供设备"这种低风险行为，而风险偏好型企业则比较倾向于选择"经费投入"这种模式。模式②"向职业院校提供技术指导或支持"在风险程度变动前后的投入规模相同，说明这种参与行为是劳动密集型企业构成"目标收益"下不同行为决策的主要部分，也是劳动密集型企业普遍倾向选择的投资行为，具有弱风险特征。

此外，劳动密集型企业行为决策组合 1—组合 4 中的最大可获得收益均没有达到企业的目标收益值 32.24，经测算发现，若将原模型中企业的投入总规模无限制提高后仍不能使风险值最小时的实际最优收益达到或超过现在的目标收益值，表明就目前市场环境和生产水平来看，劳动密集型企业在参与职业教育这一行为上无法通过变更行为决策或投入规模来满足自身期望收益，企业参与职业教育的积极性必然难以调动，国家政策法律的出台应在适用企业对象方面有所侧重。

综合对比由实际调查数据得到的表7—8和表7—9运算结果可以发现，在面对外部市场环境变化或技术进步造成的风险程度增大时，技术密集型企业为获取最大收益往往会不断减少"向职业院校提供设备"等浅层参与行为而逐渐增大职业院校具体人才培养过程中的参与水平等技术投资行为，这说明技术密集型企业在技术进步时对职业教育的投入更加注重技术技能的提高或开发，其参与职业教育的技术动机偏好具有明显不断增强的趋势；相对于技术密集型企业来说，劳动密集型企业在外部风险增大时，其在参与职业教育过程中除"向职业院校提供技术指导或支持"模式的投入保持必要和不变外，考虑到短期的成本收益问题，对企业的设备投入减少，代之以经费投入增加，并没有体现出技术动机偏好增强趋势，成本偏好参与行为依然是必不可少的一部分。从以上分析可以得出结论：技术变化时，相对于劳动密集型企业，技术密集型企业参与职业教育的技术偏好动机会明显增强，为获取最大收益技术密集型企业应着力加大技术偏好行为力度。

三　不同生产要素的企业参与职业教育行为决策的比较及分析

表7—10　　国有企业参与职业教育各项行为投入的成本及收益情况

参与职业教育行为	单位投入成本（万元）	标准化处理成本	单位实际收益
①企业依托职业院校进行员工培训	72	1.76	1.20
②为职业院校提供技术指导或支持	9.4	1.15	1.16
③企业与学校开展科技攻关合作	540	6.31	1.17
④接受来企业实习实践的院校师生	60.8	1.65	1.56

参与职业教育行为	单位投入成本（万元）	标准化处理成本	单位实际收益
⑤企业参与职业院校人才培养过程	99.4	2.03	0.94
⑥企业向职业院校提供设备	23	1.29	1.15
⑦企业向职业院校投入经费	34.5	1.38	0.96
⑧企业与职业院校联合办学	57.6	1.43	0.99

根据表7—10所列相关信息，得到国有企业参与职业教育的Target-MOTAD模型方程⑤：

$$max = 4 \times x1 + 3.5 \times x2 + 4.5 \times x3 + 3.8 \times x4 + 4.2 \times x5 + 3.3 \times x6 + 3.8 \times x7 + 4 \times x8 + 0 \times y;$$

$$1.76 \times x1 + 1.15 \times x2 + 6.31 \times x3 + 1.65 \times x4 + 2.03 \times x5 + 1.29 \times x6 + 1.38 \times x7 + 1.43 \times x8 \leq 9.78;$$

$$1.76 \times x1 + 1.15 \times x2 + 1.65 \times x4 \leq 1.55;$$

$$32.37 - 1.20 \times x1 - 1.16 \times x2 - 1.17 \times x3 - 1.56 \times x4 - 0.94 \times x5 - 1.15 \times x6 - 0.96 \times x7 - 0.99 \times x8 - y = 0。$$

表7—11　　私营企业参与职业教育各项行为投入的成本及收益情况

参与职业教育行为	单位投入成本（万元）	标准化处理成本	单位实际收益
①企业依托职业院校进行员工培训	41.4	1.66	1.34
②为职业院校提供技术指导或支持	6.6	1.08	1.50
③企业与学校开展科技攻关合作	308	5.89	1.20
④接受来企业实习实践的院校师生	29.7	1.47	1.68
⑤企业参与职业院校人才培养过程	80	2.31	0.99
⑥企业向职业院校提供设备	20	1.31	1.10
⑦企业向职业院校投入经费	30	1.47	1.14
⑧企业与职业院校联合办学	50	1.81	1.02

根据表7—11所列相关信息，得到私营企业参与职业教育的Target-MOTAD模型方程⑥：

$$\max = 4 \times x1 + 3.2 \times x2 + 4.2 \times x3 + 4.4 \times x4 + 4.1 \times x5 + 3.2 \times x6 + 3 \times x7 + 3.2 \times x8 + 0 \times y;$$

$$1.66 \times x1 + 1.08 \times x2 + 5.89 \times x3 + 1.47 \times x4 + 2.31 \times x5 + 1.31 \times x6 + 1.47 \times x7 + 1.81 \times x8 \leqslant 10.46;$$

$$1.66 \times x1 + 1.08 \times x2 + 1.47 \times x4 \leqslant 2.27;$$

$$32.8 - 1.34 \times x1 - 1.5 \times x2 - 1.2 \times x3 - 1.68 \times x4 - 0.99 \times x5 - 1.1 \times x6 - 1.14 \times x7 - 1.02 \times x8 - y = 0 。$$

将上文确定的参数分别代入模型，已得到以上两种类型企业Target-MOTAD模型的计算方程，运用Lingo软件进行模拟计算，可以得到不同目标收益和不同风险状态下国有企业和私营企业的最优决策组合。表7—12给出了不同风险状态下国有企业最优行为决策组合的结果，表7—13给出了不同风险状态下私营企业最优行为决策组合的结果。

表7—12　　　不同风险状态下国有企业的最优行为决策组合（T=32.37）

投资行为	组合1	组合2	组合3	组合4
最大实际收益	24.91	24.55	24.19	23.87
风险值 λ	25.8（max）	25.0	24.2	23.5（min）
①企业依托职业院校进行员工培训	*	*	*	*
②为职业院校提供技术指导或支持	1.35	1.35	1.35	1.35
③企业与学校开展科技攻关合作	*	*	*	*
④接受来企业实习实践的院校师生	*	*	*	*
⑤企业参与职业院校人才培养过程	*	*	*	*
⑥企业向职业院校提供设备	*	2.20	4.38	6.30
⑦企业向职业院校投入经费	*	*	*	*
⑧企业与职业院校联合办学	5.05	3.30	1.58	0.65

注：*代表该投资模式没有进入相应的决策组合。

　　根据调查数据，国有企业的目标收益 T 为 32.37，此时国有企业面临风险值 λ 的取值范围为 ［23.5，25.8］。当 $\lambda = 25.8$ 时，风险值为目标收益确定且模型有解情况下的最大值，实际收益值 24.91 也是国有企业在风险状态下能获得的最大收益，这说明在风险值 λ 大于 25.8 时，国有企业的 Target-MOTAD 模型呈线性并递减，在 λ 小于 23.5 时，此模型方程无最优解，行为决策组合 1—组合 4 即是在风险值可变范围内国有企业参与职业教育过程中的最优行为决策组合。$\lambda = 25.8$ 时的组合 1 是风险偏好型的国有企业在目标收益限制下能获得最大实际收益的行为组合，包括 1.35 个单位的"为职业院校提供技术指导或支持"和 5.05 个单位的"企业与职业院校联合办学"，其余六种投资模式没有进入该决策组合。随着风险值 λ 的减小，可以看出国有企业选择"为职业院校提供技术指导或支持"的参与行为力度没有发生变化，而"企业与职业院校联合办学"的投资规模在不断减小，直至减小为有最优解条件下 λ 值为 23.5 时的 0.65 个投入单位，相应地，参与模式⑥"企业向职业院校提供设备"随着风险程度的降低进入了国有企业行为决策的最优组合，并且投入规模不断增大，在模型有解风险值最小时呈现为 6.30 个单位的投入力度。

　　比较不同风险状态下国有企业在参与职业教育时的最优行为决策可以看出，除"为职业院校提供技术指导或支持"这项参与行为规模不变外，企业随着风险值的降低减小了"企业与职业院校联合办学"的投入规模，出现并增大了"企业向职业院校提供设备"的投入规模，这表明"企业与职业院校联合办学"具有相对较大的经济风险，从而企业愿意选择风险相对较小的"为职业院校提供设备"这种模式来保证自身的经济效益。换句话说，为了规避风险，国有企业在外部环境变化时会改变自身在参与职业教育时的行为决策。相比于"与职业院校联合办学"，低风险时国有企业会选择并加大"为职业院校提供设备"模式的投入来保证自身短期可得的实际收益，高风险时国有企业则比较倾向于选择"参与职业院校人才培养过程"这种深层参与模式来获取长远最大收益。模式②"为职业院校提供技术指导或支持"在风险程度变动前后的投入规模相同，说明这种参与行为是当前国有企业构成"目标收益"下最优行为决策的必要部分，也是国有企业普遍倾向选择的投资行为。

另外，国有企业投资行为组合1—组合4中的最大实际收益还远远没有达到企业的目标收益值32.80，若将原模型中企业的投入总规模限制由原来的9.78提高到12，通过计算得出风险值最小时的实际最优收益可达到33.86，超过了现在的目标收益值，行为组合为投入1.34个单位的模式②"为职业院校提供技术指导或支持"、0.28个单位的模式⑥"企业向职业院校提供设备"和7.06个单位的模式⑧"企业与职业院校联合办学"。可见调查范围内国有企业对本企业参与职业教育的总规模投入和行为决策还没有达到最优，尚有优化的空间。

表7—13　　不同风险状态下私营企业的最优行为决策组合（T=32.80）

投资行为	组合1	组合2	组合3	组合4
最大实际收益	26.80	26.77	26.76	26.74
风险值λ	23.3（max）	23.1	23.0	22.8（min）
①企业依托职业院校进行员工培训	*	*	*	*
②为职业院校提供技术指导或支持	*	0.86	1.23	1.99
③企业与学校开展科技攻关合作	*	*	*	*
④接受来企业实习实践的院校师生	1.54	0.91	0.63	0.09
⑤企业参与职业院校人才培养过程	*	*	*	*
⑥企业向职业院校提供设备	6.25	6.25	6.25	6.25
⑦企业向职业院校投入经费	*	*	*	*
⑧企业与职业院校联合办学	*	*	*	*

注：*代表该投资模式没有进入相应的决策组合。

根据表 7—13 的数据结果，当私营企业的目标收益 T 为 32.80 时，风险值 λ 的取值范围为 [22.8，23.3]。当风险值 λ = 23.3 时，实际收益 26.80 是私营企业在风险状态下能获得的最大收益，同理国有企业的说明，在 λ 大于 23.3 时，私营企业的 Target-MOTAD 模型呈线性并递减，在 λ 小于 22.8 时，此模型方程无最优解，行为决策组合 1—组合 4 即是在风险值可变范围内私营企业的最优投资行为组合。λ = 23.3 时的组合 1 是风险偏好型私营企业在目标收益限制下能获得最大实际收益的组合，包括 1.54 个单位的"接受来企业实习实践的院校师生"和 6.25 个单位的"企业向职业院校提供设备"，其余六种投资模式没有进入该决策组合。随着风险值 λ 的减小，可以看出企业选择"向职业院校提供设备"的参与模式力度没有发生变化，而"接受来企业实习实践的院校师生"的投资行为力度在不断减小，直至减小为有最优解条件下 λ 为 22.8 时的 0.09，接近于 0，而相应地，投资模式②"为职业院校提供技术指导或支持"随着风险程度的降低进入了私营企业选择的最优行为组合，并且投资力度不断增大，在模型有解风险值最小时呈现为 1.99 个单位的投入力度。

比较不同风险状态下私营企业在参与职业教育投资时的最优行为决策可以看出，除"向职业院校提供设备"这项投资行为规模不变外，企业随着风险值的降低减小了"接受来自职业院校师生实习实践"的投入规模，增大了"为职业院校提供技术指导或支持"的投入规模。从私营企业的模型数据可以看出，"接受来自职业院校师生实习实践"的单位成本高于"为职业院校提供技术指导或支持"，这表明对于私营企业来说"接受来自职业院校师生实习实践"具有相对较大的风险，而通过"为职业院校提供技术指导或支持"可以减小私营企业参与职业教育时的投入成本以降低风险。这也可以理解为，为了规避风险私营企业会变动自身在参与职业教育时的投资决策，相比于"接受来自职业院校的师生实习实践"，风险规避型私营企业更愿意选择并加大"为职业院校提供技术指导或支持"模式的投入规模，而风险偏好型私营企业则比较倾向于选择"吸纳职业院校师生实习实践"这种模式。模式⑥"向职业院校提供设备"在风险程度变动前后的投入规模相同，说明这种投资行为是私营企业构成"目标收益"下不同行为决策的主要部分，也是私营企业在参与职业教育时普遍倾向选择的参与行为，具有弱风险特征。

此外，同理上述其他类型的企业，私营企业投资行为组合1—组合4中的最大实际收益均没有达到企业的目标收益值32.80，若将原模型中企业的投入总规模限制由原来的10.46提高到16，通过计算得出风险值最小时的实际最优收益可达到33.6，超过了现在的目标收益值，行为组合为投入1.54个单位的模式④"吸纳职业院校师生实习实践"、4.34个单位的模式⑤"企业参与职业院校人才培养过程"和2.82个单位的模式⑥"企业向职业院校提供设备"。可见调查范围内私营企业对本企业参与职业教育的总规模投入和行为决策还没有达到最优，尚有优化的空间。

综合对比由实际调查数据得到的表7—12和表7—13运算结果可以发现，在面对外部市场环境变化或技术进步造成的风险程度增大时，国有企业为获取最大收益往往会不断减少向职业院校提供设备等成本偏好投资行为而增大与职业院校联合办学水平等技术偏好投资行为，这说明同大型企业一样，国有企业在技术进步时对职业教育的投资更加注重技术技能的提高或开发，其参与职业教育的技术动机偏好具有明显不断增强的趋势；而相对于国有企业来说，私营企业在外部风险增大时，其在参与职业教育过程中除向职业院校提供设备等短期投资行为保持必要和不变外，在自身可承担范围内对"为职业院校提供一定技术指导或支持"的投入力度不断降低，同时对单位成本稍高的院校师生实习实践的可接受度增大，其参与行为虽体现出了一定的成本偏好减弱趋势，但成本偏好投资模式依然占主要行为部分。

以上分析可以得出结论：技术变化时，相对于私营企业，国有企业参与职业教育的技术偏好动机会明显增强，为获取最大收益应加大技术投资行为力度。

第三节 相同目标收益下整体企业参与职业教育的行为决策分析

前面分别分析了六种不同类型企业在不同目标收益下参与职业教育时的最优行为决策组合，并在动机偏好层面两两做了比较，接下来本书将以整体水平的企业参与职业教育行为为研究对象，在充分了解当前我国企业参与职业教育水平现状的基础上，探索普遍意义上企业整体水平参与职业教育的最优行为路径。其参与行为的具体成本收益情况和不同风险状态的最优行为决策分别如表7—14 和表7—15 所示。

表7—14　　企业整体水平各项参与行为投入的成本及收益情况

参与职业教育行为	单位投入成本（万元）	标准化处理成本	单位实际收益
①企业依托职业院校进行员工培训	69.3	1.74	1.34
②为职业院校提供技术指导或支持	10.6	1.12	1.19
③企业与学校开展科技攻关合作	481	6.10	1.2
④接受来企业实习实践的院校师生	58	1.62	1.81
⑤企业参与职业院校人才培养过程	120	2.28	1.00
⑥企业向职业院校提供设备	23.3	1.25	1.00
⑦企业向职业院校投入经费	35.0	1.38	1.08
⑧企业与职业院校联合办学	58.3	1.63	1.02

得到整体水平下企业参与职业教育的 Target-MOTAD 模型方程：

$$max = 3.7 \times x1 + 3.4 \times x2 + 3.8 \times x3 + 3.6 \times x4 + 3.8 \times x5 + 3.2 \times$$

x6 +3.2×x7 +3.4×x8 +0×y；

    1.74×x1 +1.12×x2 +6.10×x3 +1.62×x4 +2.28×x5 +1.25
×x6 +1.38×x7 +1.63×x8≤9.88；

    1.74×x1 +1.12×x2 +1.62×x4≤2.28；

    32.48 −1.34×x1 −1.19×x2 −1.2×x3 −1.81×x4 −x5 −x6 −
1.08×x7 −1.02×x8 −y =0。

将上述参数代入模型，得到企业整体水平下参与职业教育的
Target-MOTAD 模型方程，运用 Lingo 软件进行模拟计算，得出相同
目标收益下所有企业参与职业教育的最优行为决策组合。

表7—15   不同风险状态下企业总体参与职业教育的行为决策组合

(T =32.48)

投资行为	组合1	组合2	组合3	组合4
最大实际收益	26.38	26.36	26.35	26.33
风险值 λ	23.98（max）	23.8	23.6	23.4（min）
①企业依托职业院校进行员工培训	*	*	*	*
②为职业院校提供技术指导或支持	2.04	1.51	0.91	0.33
③企业与学校开展科技攻关合作	*	*	*	*
④接受来企业实习实践的院校师生	*	0.36	0.77	1.18
⑤企业参与职业院校人才培养过程	*	*	*	*
⑥企业向职业院校提供设备	6.08	6.23	6.38	6.55
⑦企业向职业院校投入经费	*	*	*	*
⑧企业与职业院校联合办学	*	*	*	*

注：*代表该投资模式没有进入相应的决策组合。

由表7—15 的数据结果可以看出，当整体企业的目标收益 T 为
32.48 时，风险值 λ 的取值范围为 [23.4，23.98]。当风险值 λ =
23.98 时，实际收益26.38 是整体企业风险状态下参与职业教育能获
得的最大收益，同理上述不同类型企业的数据说明，在 λ 大于23.98

时，企业参与职业教育的 Target-MOTAD 模型呈线性并递减，在 λ 小于 23.4 时，此模型方程无最优解，行为决策组合 1—组合 4 即是在风险值可变范围内整体企业参与职业教育的最优行为决策组合。λ = 23.98 时的组合 1 是风险偏好型企业在目标收益限制下能获得最大实际收益的组合，包括 2.04 个单位的"为职业院校提供技术指导和支持"和 6.08 个单位的"企业向职业院校提供设备"，其余六种参与模式没有进入该决策组合。随着风险值 λ 的减小，可以看出企业选择"向职业院校提供设备"的行为规模发生小幅上涨，而"为职业院校提供技术指导和支持"的行为方式则出现明显的规模减小趋势，直至减小为有最优解条件下 λ 为 23.4 时的 0.33，此外投资模式④"接受来企业实习实践的院校师生"随着风险程度的降低进入了整体企业参与职业教育的最优行为决策组合，并且投入规模不断增大，在模型有解风险值最小时呈现为 1.18 个单位的投入力度。

比较不同风险状态下整体企业参与职业教育时的最优行为决策可以看出，企业随着风险值的降低减小了"为职业院校提供技术指导或支持"的投入规模，并不同程度地增大了"接受来企业实习实践的院校师生"和"向职业院校提供设备"的投入规模。这些从模型数据的变化趋势可以看出，对于平均水平下企业参与职业教育的行为来说，因外部环境或技术变化的不确定性，"为职业院校提供技术指导或支持"这种技术偏好投资行为具有相对较大的风险，而通过"向职业院校提供设备、接受实习实践的职业院校师生"则可以降低整体企业在参与职业教育时的投入风险。这也可以理解为，为了规避风险企业会变动自身在参与职业教育时的参与行为决策，相比于"为职业院校提供技术指导或支持"，风险规避型企业更愿意选择并加大"为职业院校提供设备和接受来企业实习实践的院校师生"等模式的投入规模，而风险偏好型企业则比较倾向于选择"为职业院校提供技术指导或支持"这种模式。模式⑥"企业向职业院校提供设备"在风险程度变动前后的投入规模均保持 6 个单位以上且变化不大，说明这种参与行为是总体水平下企业构成"目标收益"不同行为决策的主要部分，也是企业在参与职业教育时普遍倾向选择的参与行为，具有弱风险特征。此外，同理上述不同类型企业的分析，整体企业行为决策组合 1—组合 4 中的最大实际收益均没有达到目标收益值 32.48，若将原模型中企业的投入总规模限制由原来的 9.88 提高到 18，通过计算得出风险值最小时的实际最优收益可达到 32.92，超过了现在的目标收益值，行为组合为投入 6.45 个单位的模式⑤"企业参与职业院校的人才培养过程"、2.62 个单位的模式⑥"企业向职业院校提供设备"。可见，调查范围内企业参与职业教育平均水平下的总规模投入和行为决策也没有达到最优，尚有优化的空间。

综合整体水平上企业参与职业教育的行为决策模型可以发现，在面对外部市场环境变化或技术进步造成的风险程度增大时，企业为获取最大收益往往会不断减少"向职业院校提供设备"等成本偏好投资行为而增大"为职业院校提供技术指导或支持"等技术偏好投资行为，说明当前在普遍意义上，企业面对技术进步选择参与职业教育的行为方式有向注重技术技能提高方面转变的趋势，但其倾向选择"提供技术指导或支持"的行为模式与其他"与职业院校联合办学""与院校开展技术攻关合作"等具有明显技术偏好特征且成本较高的投资行为相比，其优势在于投入成本低、获利快，而相应地，不足之处则是技术技能提高或开发较慢，成本收益问题仍是企业参与职业教育时的一个重要考量因素。这表明当前我国企业参与职业教育的层次和水平仍有待提高，政府政策方面应给予企业参与职业教育更多、更完善的优惠措施和激励手段。

最后，为了清晰直观地表示企业在不同风险状态下参与职业教育的最优行为决策及其变动情况，本研究以调查问卷中的八种参与行为（分别为：①企业依托职业院校进行员工培训；②为职业院校提供技术指导或支持；③企业与学校开展科技攻关合作；④接受来企业实习实践的院校师生；⑤企业参与职业院校人才培养过程；⑥企业向职业院校提供设备；⑦企业向职业院校投入经费；⑧企业与职业院校联合办学）为企业参与职业教育的行为决策参考，对不同类型企业和总体水平上企业参与职业教育收益最大化的模型结果进行汇总整理，得到如表7—16所示的行为数据，可以看到其中大型企业、技术密集型企业和国有企业均体现出明显的技术偏好动机增强趋势，其余类型企业在参与职业教育时因资源政策或自身规模的限制，成本因素依然是其重要考量因素，成本偏好投资行为占主要部分；而整体水平上的企业在面对外部风险增大时虽体现出了一定的技术偏好动机增强趋势，但倾向选择的参与行为依然有待进一步深化和提高。

表7—16　　　　　　　各类型企业参与职业教育的最优行为决策

风险程度	差异化类型上						总体水平
	大型企业	中小型企业	技术密集型企业	劳动密集型企业	国有企业	私营企业	整体企业
不断增大 ↑	②不变	②增多	②不变	②不变	②不变	②减少	②增多
	⑦减少	④减少	⑤增多	⑥减少	⑥减少	④增多	④减少
	⑧增多	⑦不变	⑥减少	⑦增多	⑧增多	⑥不变	⑥不变
总体变动趋势	技术偏好投资行为明显增强	没有体现出明显的技术动机偏好增强趋势，成本偏好行为依然占主要部分	技术偏好投资行为明显增强	成本偏好投资行为依然其是必不可少的一部分	技术偏好投资行为明显增强	有成本偏好减弱趋势，但成本偏好投资模式依然占主要行为	有向技术技能偏好方向转变的趋势，但不明显

第 八 章

促进企业有效参与职业教育政策建议

根据技能偏好性技术进步理论和工资挤压效应理论，在技能偏好性进步的影响下，技能成为影响企业参与职业教育的内生性变量。伴随着技术进步与技能提升，在"技术进步—技能变动—边际生产率提升—工资挤压效应"的动力传导机制影响下，企业参与职业教育的动机偏好将逐渐由成本偏好性向技能偏好性转变，而由于企业个性禀赋因素的影响，导致企业行为的差异化。通过层次回归模型的实证分析，结果表明，我国企业参与职业教育过程中主要受两类动机偏好影响，分别是成本偏好动机和技术偏好动机，其中技术偏好动机对成本偏好动机有调节作用，企业的技术动机偏好增强一定程度上会减弱成本偏好动机；而政府政策作为一个外生变量会对企业参与职业教育的技术偏好和成本偏好起调节作用。政府政策对企业参与职业教育的技术偏好产生正向影响，对企业参与职业教育的成本偏好产生负向调节。而 Target-MOTAD 改进模型的企业参与职业教育的决策分析表明：不同类型的企业面对技术进步，即风险状态变动时参与职业教育的最优行为决策不同，相比于中小型企业，大型企业在技术进步时更倾向于选择技术偏好的职业教育参与行为；相比于私营企业，国有企业在技术进步时更倾向于选择技术偏好的职业教育参与行为；相比于劳动密集型企业，技术密集型企业在技术进步时更倾向于选择技术偏好的职业教育参与行为。而在随后的效果分析中本研究也发现，各类型企业在参与职业教育的过程中其可获得收益均小于自身的目标收益值，除劳动密集型企业由于自身企业特征的限制，其余五种不同类型企业均可以通过扩大投入规模和优化行为决策提高自身收益水平达到或超过企业的目标收益值。这对于分析我国企业参与职业教育的政策效度构建有利于不同类型企业参与职业教育的政策体系具有重要的意义。

第一节　我国企业参与职业教育的政策效度分析

为了准确地把握我国企业参与职业教育的政策效度，我们继续利用本研究的样本数据，在企业参与职业教育的动机偏好实证分析的基础上，对我国企业参与职业教育的政策效度进行分析。

一　企业参与职业教育的偏好差异化分析

由于企业产权属性、核心生产要素和规模等个性禀赋特征差异，企业对于参与职业教育的成本与收益的承受与敏感程度将会有所差异，必然会对企业参与职业教育动机偏好产生影响。为分析不同类型的企业参与职业教育偏好差异，本研究运用相关性分析对各类企业参与职业教育的偏好进行了分析，如表8—1所示。

表8—1　　　　　　　各类企业参与职业教育动机差异性

企业分类　　动机差异	企业属性		生产要素		企业规模		
	国有企业	私营企业	劳动密集	技术密集	小型企业	中型企业	大型企业
成本动机	0.136	0.288 **	0.251 **	0.116	0.418 **	0.113 *	0.163 *
技术动机	0.240 *	0.087	0.161 *	0.323 ***	0.030	0.042	0.228 **

注：＊＊＊表示 $p < 0.001$，＊＊表示 $p < 0.01$，＊表示 $p < 0.05$。

表8—1结果显示，不同类型的企业的动机偏好有着明显的差

异。按企业属性划分，国有企业和合资企业参与职业教育的技术动机均高于成本动机，属于技术偏好型企业，其中合资企业对技术动机的敏感程度尤为明显，而私营企业参与职业教育的行为相比技术动机来说，与成本动机的相关程度更高，属于成本偏好型企业。

按企业核心生产要素划分，资本密集型企业和技术密集型企业对技术进步表现出了更高的偏好性，因而属于技术偏好型企业，而劳动密集型企业在参与职业教育过程中对成本的关注程度明显高于技术进步，属于成本偏好型企业。

按企业规模划分，中小型企业与成本动机的相关关系明显高于技术动机，属于成本偏好型企业；相反，大型企业对技术进步的敏感程度稍高于成本动机，可划分为技术偏好型企业。

由此可以得出结论：国有企业、合资企业、资本密集型企业、技术密集型企业以及大型企业均属于技术偏好型企业，而私营企业与劳动密集型企业、中小型企业同属于成本偏好型企业。

二　政府政策对企业参与职业教育的政策效度分析

如表8—2所示，从政府政策与不同类型的企业参与职业教育行为的回归分析结果显示，政府政策对不同类型的企业参与职业教育行为的影响程度有明显的差别。就不同属性的企业而言，政府政策对于私营企业参与职业教育行为有显著影响，相关系数达到0.130（P<0.05），而对于国有企业参与职业教育行为的影响不显著。就不同核心生产要素的企业来说，政府政策对劳动密集型企业参与职业教育的水平有着明显的影响，相关系数达到0.186（P<0.05），对技术密集型企业参与职业教育行为的影响不显著。而从企业规模上来看，政府政策对小型企业参与职业教育的行为有着显著影响，相关系数达到0.116（P<0.05），政府政策对中型企业参与职业教育的行为也有着显著影响，相关系数达到0.180（P<

0.05），而政府政策对大型企业参与职业教育行为的影响不显著。

表8—2　　　　　政策导向对各类企业作用回归分析结果

企业分类	企业属性		生产要素		企业规模		
	国有企业	私营企业	劳动密集	技术密集	小型企业	中型企业	大型企业
标准系数	−0.058	−0.105	0.130 *	0.186 *	0.140	0.045	0.116 *
T 值	−0.467	−0.787	1.165	1.787	0.557	0.182	1.069

　　注：＊＊＊表示 p < 0.001，＊＊表示 p < 0.01，＊表示 p < 0.05。

　　综上所述，从政策的实施效果上看，现有政策对于民营企业、劳动密集型企业以及中小型企业这类对于成本偏好型的企业参与职业教育行为的效果明显，而对合资企业、国有企业、技术密集型企业和大型企业等技术偏好型的企业参与职业教育的作用较弱。这表明当前我国政府关于企业参与职业教育的政策更倾向于采取税收激励或经济补偿等直接的政策，而在提升职业院校技术技能积累能力，提升职业院校满足企业对技术技能人才需求水平等方面的措施却显不足。

第二节　促进我国企业深度参与职业教育的政策建议

一　加强统筹，促进技术进步的技能偏好性发展

　　作为企业培训策略变动机制动力传导机制的动力源，技术进步的技能偏好性发展趋势显得尤为重要。而技能跨组织技能培训合作模式决定了技术进步的技能偏好性发展的趋势会受到技术技能需求的主体——企业的经济属性与技能供给的主要主体——职业院校的准公共属性差异的影响。因此，提高统筹层次，加强产学研合作，增强技术进步与技能的互动性，促进技能偏好性技术

进步的发展。

首先，建立国家技能协调委员会，统筹协调国家相关部门，实现经济社会规划与职业教育和培训的同行同向。其次，提高地方职业教育统筹层次，在进一步明确地市统筹的职业教育管理体制的基础上，将职业教育纳入区域经济发展规划，借助区域产业园、职教园等，积极搭建区域技术技能复合创新平台，加强科技成果转化效率，增加技术进步、技能需求及技能供给的有效碰撞的次数和质量，突破了职业院校（尤其是高等职业院校）技能人才培养和培训的定位局限，实现以科技合作引领技能人才培养，积极探索"技术服务、人才培养和人才培养"技术进步与技能有效互动的模式，促进技术进步与技能的有效对接，保证技能偏好型技术进步下，技术进步带来的技能变动导致的企业参与职业教育的动力的传导水平。以宁波职业技术学院为例，宁波职业技术学院通过"院园融合"服务于宁波经济技术开发区数字科技园。数字科技园内与区科技局合作共建科技创新服务中心、工业设计促进中心，与宁波职业技术学院科研管理机构合署办公，通过校企合作、校校合作共建研究所、研发中心、教授（专家）工作室，专门制定科技项目补助政策、专利申报鼓励政策，鼓励各专业与这些研究机构进行合作，共同参与企业服务工作，根据企业的发展需要设定科研方向，引导教师和学生参与科技攻关，鼓励企业全面参与课程和专业建设，使企业技术进步直接对接学生职业素质和职业技能的培养要求和考核标准。最后，建立未来战略产业技能人才战略规划专项。针对"互联网＋"、智能制造时代到来的传统产业升级和新兴产业涌现的特征，围绕国家经济社会发展的未来战略性产业的技术变迁和组织模式变迁规律，开展技术技能人才培养的前瞻性研究和实践。

二　加强行业组织机制建设，建立以行业标准引领的技能需求与技能供给有效对接的机制

为了充分发挥"技术进步—技能变迁—边际生产效率提升—工资挤压效应"的动力传导机制，推动企业培训策略向技能偏好性转变，以适应技能偏好性技术进步的发展需要，积极构建技术进步对技能需求与技能供给对接机制成为推进我国企业培训策略变迁的政策重点。

然而，当前技术进步对技能需求与技能供给对接机制并不足以将技能偏好性技术进步转化为真实的推动企业培训策略变迁的动力。20 世纪末教育体制改革之后，经过企校分离、院校划转等一系列工作，跨组织合作成为我国企业技能培养的主要模式。以铁路行业为例，铁路行业原有 49 所普通中专学校，96 所技工学校，45 所职业高中，100 所铁路职工学校，58 所成人中专学校。自 1999 年以后，铁路部分的职业学校陆续划转地方政府管理，有的归当地省市教育行政部门管理，有的归市（地级）教育行政部门管理，有的归劳动保障厅（局）管理，去向不一。逐渐形成了铁路行业企业与技能人才培养机构相互独立的格局。跨组织部门之间的张力，客观增加了技术进步对技能需求与技能供给对接的难度。

而受长期以来企业成本偏好性技能培训策略的影响，关注于低成本劳动力的企业，没有能力也没有意愿承担起将技术进步带来的技能需求未能转化为技能供给标准和内容的责任。与德国手工业协会、英国部门技能委员会、澳大利亚行业技能委员会在本国技能人才培养体系的技能标准制定中扮演着重要角色相比，20 世纪末政府部门改革和教育体制改革之后，许多原本隶属或依托于行政部门的行业组织逐渐向第三方组织过渡。在由行政机制向市场机制的过渡过程中，行业组织还处在不断加强自身能力建设，寻求合理定位的关键时期。其在预测行业技术变化和技能人才需求变化趋势，制定行业技能标准，搭建企业与职业院校合作平台，监督职业院校技能人才培养质量等方面的能力显得十分薄弱。而行业组织自身能力的弱化，特别是行业组织在行业技能标准制定方面能力的欠缺，既削弱了行业组织对行业内企业的引导和规范能力，也无法为职业院校提供相应的技能标准，使其难以为技术进步带来的技能需求的转化提供有力的组织和制度保障，实现技术进步对技能需求与技能供给标准的有效对接。

因此加强行业组织建设，能够弥补单个的企业预测技术变化趋势对技能需求，将技术进步对技能的需求转化为具体的培训标准和内容的能力的不足，为推进技术进步带来的技能需求与技能供给有效对接提供组织保障。

我国当前行业组织能力相对较弱，为了推进行业组织的发展，需要根据各行业组织发展历程和特点的区别，加强分类指导，发挥其以行业标准引领技能需求与技能供给实现有效对接。对于传统行业来说，应充分发挥其深厚的历史底蕴优势，明确其职责，创新工作机制，重塑其在职业教育发展中的主导地位。对于新兴产业来说，可以通过政策引导，积极鼓励以市场为导向、具有新兴产业行业特点的行业组织的健康发展，探索行业组织在职业教育校企合作中的运行机制与模式的创新与突破。

以机械行业协会为例，作为"中国制造"的基石，随着"互联网+""中国制造2025"战略的实施，以工业机器人技术为代表的新兴技术成为中国机械行业转型升级的关键技术手段。据估计，2014年中国市场新增工业机器人达到4.55万台，同比增长35.01%。2015年市场增长速度将进一步加快，预计增幅将超过40%，达到6.42万台。为了适应工业机器人对技能人才的需要，机械工业协会牵头工业机器人龙头企业和骨干职业院校，进行了工业机器人装调维修工、工业机器人操作调整工等工种技能标准的制定，并以技能标准为引领，积极推进相关企业与职业院校的深入合作，有效地促进了技术进步对技能需求与技能供给的有效对接。

三　加强组织建设，完善企业参与职业教育的渠道，不断增强企业在职业教育中的话语权

宏观层面上，可以通过完善职业教育联席会、职业教育校企合作委员会，积极引导政府机关工作人员、行业代表、雇主和学校领导参与其中，负责全国职业教育校企合作计划的制订和监督工作，提高企业在职业教育政策制度、规划发展等方面的话语权。在湖北襄阳，由襄阳市人民政府主导，联合"襄阳（国家）高新技术开发区，经信委、财政局、人社局、教育局、农委、卫生局、文化旅游局等9个行业主管部门，汽车产业协会等2个行业协会，东风汽车股份有限公司等22个紧密型合作企业"成立了由市长任理事长、分管副市长与学院院长任副理事长的"合作办学理事会"。组建了秘书处和发展规划、人力资源、技术服务、经费筹措4个工作组，建立了《理事会成员选任制度》《理事会会议与报告制度》《理事会议事制度》《理事会监督制度》《理事会工作小组运行管理办法》《校企合作基金会章程》等制度，推动了"政校企行"深层次合作，提升了高等职业教育综合实力与企业核心竞争力。在大连市，由市政府牵头，成立了包括发改委、经信委、教育局、人社局、财政局等多部门联合组成的职业教育校企合作协调委员会，宏观掌控全市校企合作的方向，负责制定校企合作的法规、政策和实施战略。根据大连产业发展特点，成立由教育局和人社局牵头，以行业协会、企业和职业院校为主体的职业教育行业指导委员会，作为职业教育校企合作的具体实施和组织指导者，以完成提供产业发展和行业人才需求信息、制定职业岗位及技能标准、指导职业院校进行专业与课程建设、搭建就业供需平台、指导校企合作等职能。并总

结推广"工学交替、校企合一、前校后厂、自办产业、教学工厂、校企集团"等校企互动模式，在院校和企业建立校企协作机构，通过校企合作实现教育功能和产业功能辐射。在杭州，建立了职业教育联席会议制度，强化政府主导。由市政府牵头，成立了由教育、人社、发改、旅委、财政等12个部门组成的杭州市职业教育联席会议，市政府陈小平副市长任组长。从市级层面上对校企合作进行管理，搭建了教育部门与其他部门、行业企业等之间的高效沟通的平台。联席会议实行例会制，专题研究和协调职业教育校企合作的规划、重大制度制定和实施等工作。

在中观层面上，以职教集团为框架，以专业指导委员会、校企合作理事会等为平台，不断增强行业企业在职业教育中的参与度。在杭州，为切实调动企业参与职业教育的积极性，杭州市教育局大胆创新，通过组建职业教育集团、专业指导委员会等形式，将学校、行业企业等市场主体和人才培养的各个环节有机地联结在一起，形成了行业与区域纵横交错的崭新局面，切实增强行业企业在校企合作过程中的话语权。同时，还专门针对职教集团和专业指导委员会的工作，开创性地出台了相关的《工作指导意见》，从制度上对职教集团和专业指导委员会的工作予以了规范。迄今杭州市共建有19个职业教育集团；建立了汽修、商贸、旅游、园林等15个市级中等职业教育专业指导委员会。此外，杭州市通过建立企业参与职业教育协作联盟，推动企业参与。2012年，杭州市主动创新校企合作机制，成立了由企事业单位、行业协会、中等职业学校按照平等自愿原则组成的"企业参与职业教育协作联盟"。协作联盟集聚了30多家优秀知名企业，以协作联盟章程为行为准则，以建立健全校企合作、产教结合新机制为主要任务，全面推进职业教育与企业发展在人才培养培训、专业建设、技术与人才交流、人力资源提供、技术开发与服务、科研成果转化等各方面的交流合作，扩大了校企合作的社会影响，促进了企业和职业教育共同发展，有效构建了企业与中等职业学校相互支持、互惠互利、协作共赢、全面合作的新机制。在大连，政府以职教园区建设为契机，为校企深度合作提供标准。首批入驻职教园区的职业院校，率先启动校企深度合作试点，迁址与校企深度合作下的教育教学体制、机制改革同步进行。职教园区的建设通过引入先进的职业教育与企业运营理念，广泛汲取国内外先进经验，从管理运行模式、实训基地建设、专业教学体系等方面，全面探索校企深度合作的运行机制，形成校企合作创新模板。其次，政府注重以职教集团建设为引领，架构支撑校企合作的骨干实体。大连市于 2013 年，首批完成装备制造、电子信息、现代服务 3 个职教集团组建工作；2015 年，完成交通汽车、商贸物流、船舶与海洋工程、建筑与房地产等职教集团建设工作；至 2020 年，实现职教集团覆盖 90% 以上职业院校和 50% 以上的区域内大中型企业的目标。最后，政府积极搭建校企合作交流平台。组织校企合作洽谈会，协助校企进行联络并确定合作意向。组织校企合作总结会，树立典型、推广经验、查找问题、提出改进办法，推动校企合作稳步开展。在厦门，为了推进校企合作发展，2011 年，在厦门市教育局、物流协会、软件协会的积极推动和参与下，先后成立了厦门市物流校企合作服务中心、厦门市软件校企合作服务中心，以理事会为纽带、为媒人，将物流协会、软件协会旗下重点企业吸引纳进成为理事成员，与各高职院校组成新的"家庭"，定期组织开展"家庭"成员会议，同时开展高职大学生物流设计大赛、软件服务外包教师培训项目、编写教材等活动，搭建了人力、科技、教学资源等相互支持、相互促进的公共平台。

在微观层面上，建立完善职业院校校企合作理事会、行业指导委员会、专业建设委员会、课程建设委员会等组织体系及运行机制，拓宽企业参与职业院校教育教学过程的渠道，确保企业全方位参与职业学校人才培养过程中，实现企业用人标准与职业学校技能人才培养标准有效对接。以中山职业技术学院为例，中山职业技术学院面向产业需求，以提高人才培养质量为重点建立校企合作长效机制。一是在校企合作布局上，实行一镇一品一专业。"一镇一品"是中山经济的一大特色。学院针对中山"专业镇经济"特点，提出"一镇一品一专业"的专业发展和校企合作布局思路，目前学院开设的33个专业、55个专业方向都和相关镇的企业建立合作育人的紧密关系。如学院的灯饰设计专业与古镇镇的灯饰企业合作，服装专业与沙溪镇的服装企业合作、雕刻艺术与家具设计专业与大涌镇的红木家具企业合作、动漫设计与制作专业与港口镇的游艺游戏企业合作。"一镇一品一专业"的校企合作布局，大大提高了校企合作的针对性、有效性、稳定性、便捷性和空间效率。二是在校企合作办学体制上，实行"镇校企共建产业学院"。校企联合办学是校企合作育人的高级形式，也是建立校企合作长效机制的有效途径。学院分别与中山南区、古镇镇政府以及沙溪镇政府和企业联手创办了"南区电梯学院""古镇灯饰学院"和"沙溪纺织服装学院"，并正在筹办"小榄工商学院"。产业学院主要举办与行业、产业、企业需求相关的学历教育、企业培训、技能鉴定、产品研发等服务工作。产业学院实行理事会领导下的院长负责制。理事会由学院、镇政府、企业代表组成。这就从体制和机制上使专业发展与产业深度融合，使学生的工学交替得以实施，使地方镇政府、企业和学院得以共赢。三是在运行机制上，实行"镇行企研协同育人"。学院在校企合作中始终坚持育人为本，紧紧围绕地方产业转型升级培育人才展开深度合作，把提高人才培养质量作为校企合作的出发点和落脚点。学院通过"大师工作室制""校中厂""厂中校""政校企行合作联席会""政校企合作专干"等多种形式，使镇政府、行业、企业、科研院所协同学院培养人才。

四　建立企业参与职业教育的支撑保障制度体系，引导技术偏好型企业有效参与职业教育

建立企业参与职业教育的资质认证制度，引导技术偏好性企业的有效参与。首先，国家应从法律层面明确企业参与职业教育和培训的责任，将企业开展职业教育和培训的情况纳入企业社会责任报告。其次，各级政府根据各地经济发展水平、产业布局，重点支持技术偏好性企业参与职业教育，根据职业教育全国教学标准体系的研究，从企业规模、技术水平、技师水平、培训内容、培训条件等方面建立企业参与职业教育的资质标准。再次，建立完善企业举办或参与职业教育质量的评价机制和退出机制，对企业参与职业教育的质量进行监督，对参与质量不高的企业予以退出。最后，积极总结现有职业教育型企业发展的现状，积极出台职业教育型企业发展指导意见，鼓励和规范职业教育型企业的发展。

随着技术的不断发展，企业逐渐转变战略眼光，更加注重长远发展，但是经济成本始终是影响企业参与职业教育的重要因素。为了鼓励企业积极参与到职业教育中，降低企业参与成本，各国政府建立起多元的财政支持体系，并通过制定法律法规，为参与职业教育的企业提供了许多政策优惠和补偿机制。相比之下，我国政府在职业教育上的投资力度较小，形式单一且相关补偿机制、优惠政策不完善。为此，我国政府也需要积极创新职业教育投资体制，拓宽投资渠道，补偿制度与优惠政策相结合。首先，国家和地方政府可以采取多种方式、多渠道筹集职业教育发展基金，包括财政投入、社会捐赠、企业培训基金归集等。筹集的基金专门用于支持职业教育。其次，建立健全校企合作成本补偿制度，用于补偿企业由于参与职业教育所承担的成本；除此之外，对积极参与职业教育的企业可以给予双重鼓励。一方面，对积极参与职业教育的企业可以给予税收优惠或减免政策，包括贴息贷款、税收减免、立项优先等。例如，税前扣款企业给职业学校提供实习实训设备所产生的费用，以及企业与职业院校共同开展产学研过程中产生的技术开发费。另一方面，还可以授予其荣誉称号，不仅激励了企业参与校企合作的积极性，也可以提升企业社会责任感。大连市为了推进职业教育校企合作深入发展设立了校企合作奖励与支持资金。用于奖励校企合作效果好、贡献大的企业和职业院校，支持企业生产服务一线技术人员到职业院校兼职授课，支持职业院校的专业教师和学生到企业进行岗位实践，支持行业组织指导职业院校围绕校企合作进行专业建设和教学改革。此外，还专门设立职教集团建设支持资金。用于集团运行、校企共建生产和研发中心建设、专业和课程开发、院校师生与企业技术人员互动、技术和工艺研发、集团企业化运行等项目。

五　尊重企业参与职业教育的内在差异性，构建差别性的政策体系

由于企业的个体特征、技术水平以及规模等的影响导致不同的企业参与校企合作的积极性、模式等方面有明显的差异。因此，在政策制定上应明确企业在职业教育办学中的主体地位，引导企业依据其技术水平、规模、人才发展状况、行业属性等特征选择合适的职业教育校企合作，以适应面对技术创新导致的技能人才需求，将职业学校的人才培养纳入企业发展战略中来，并通过各种积极主动的方式和途径参与到职业院校办学过程中来，积极推进教育与产业对接、学校与企业对接、专业设置与职业岗位群对接、课程体系与职业标准对接、学历教育与终身教育对接，围绕技术创新、人才培养、员工培训等内容开展全方位、多层次的合作。常州市在《关于加强职业教育校企合作办学的指导意见》中对不同企业在校企合作中的地位和模式给出了指导性的建议，具有一定的启示意义。常州市在《关于加强职业教育校企合作办学的指导意见》中指出，促进和激励企业参与职业教育办学可区分大型集团企业、中型企业和中小企业等不同情况分类处理。第一，大型集团企业建设富有企业自身产业和技术优势特色的实训场所或职业院校。第二，中型企业，可鼓励其校企合作，校企共同在企业建立职业学校分校，成为"厂中校"。第三，广大中小企业，则鼓励其兴办体现先进技术或优势特色产业、设备与企业生产同步的企业实习车间，实习车间建在企业内，也可建在职业学校内，成为"校中厂"。第四，更多企业与职业学校实行订单式合作教育，形成校企双方共同参与教育教学活动的机制，渗入现代学徒制成分。

而考虑各类型企业参与职业教育的不同偏好动机及其最优行为决策后，对于大型、国有、技术密集等技术偏好型企业和中小型、私营以及劳动密集等成本偏好型企业应采取不同的政策建议。

对于技术偏好性企业应积极扩大企业在职业教育的话语权，提升企业技能需求与职业院校人才培养对接水平为主要的政策着力点。而对于成本偏好性的企业通过政府政策的技能价值观引导和技术理念宣传，明确企业自身参与职业教育的目的或意义，将技术技能创新或提高作为企业生存发展的核心竞争力之一，从而降低企业成本敏感度而提升技术敏感度，增强企业参与职业教育行为的技术偏好动机。同时，在科学设计成本偏好性企业参与职业教育的激励补偿制度以外，还要积极采取措施提升其成本承受能力，提升其参与职业教育的水平。如本研究所示，机械制造行业内的中小型企业、私营企业和劳动密集型企业普遍存在不同程度的资金供应不足、员工培训发展障碍等问题。Professor Ian Stone（2010）曾在调查中指出，小规模企业往往会忽视技能在公司拓展中的作用，在英国只有30%的小雇主（主要是创新型雇主）会衡量员工培训的效果，而将近一半的雇主认为没有必要对他们的劳动力进行技能培训。① 对于这种现象可以用市场失灵来解释：小雇主信息不足，缺乏对培训的了解以及如何使企业受益于雇主对技能投资的决策，另外小企业更倾向短期投资行为和风险规避，即更愿意面向即时目标，运作时间短且风险程度低；另外，小公司员工培训的财务成本的确较高，对于小雇主来说，组织员工脱产培训会失去工作时间从而对公司其他业务造成干扰，并且没有获得规模经济的机会；此外，其他公司对熟练工人或高技能人才的"挖角"和其导致的工资需求上升也被视为培训障碍，资金充足的大型企业往往能提供更高的工资回报率，因而大部分中小企业只愿意提供公司内部特有的培训，以尽量减少在公共市场上产生可转让的技能。这种实际问题的存在不仅仅限于英国，我国中小企业不愿深入参与职业教育也是同样的道理，因此本研究在普遍背景下确定了中小企业面临的主要培训壁垒，在充分考虑小雇主实际情况的基础上借鉴海外经验，提供了可能的政策措施。

---

① Professor Ian Stone. Encouraging Small Firms to Invest in Training: learning from overseas [R]. UK Commission for Employment and Skills, June 2010/No. 5.

附　录

企业技能型人才满意度调查问卷

尊敬的领导:

您好！近年来，随着经济的快速发展，技能人才短缺现象日益严重，直接制约了企业战略的实施和可持续发展。开展职业教育校企合作，成为许多企业获得技能人才、提升工人技能水平的重要途径。为了准确把握当前我国职业教育校企合作现状，我们开展了本次调研活动。我们诚挚地恳请您抽出宝贵的时间参与本此调查问卷。您的看法和意见将对我们了解当前职业教育校企合作现状提供十分重要的帮助。

您回答的问卷我们将严格保密，并采用计算机统一匿名处理，所以请您放心如实作答。

谢谢！

您是来自：□国有企业　　□合资企业　　□民营企业

A. 基本信息:

1. 贵企业所属集团及名称:

2. 贵企业所在地区：省（自治区、直辖市）（市、县）

3. 您认为您的企业属于哪种类型:

A. 劳动密集型　　B. 资本密集型　　C. 技术密集型

4. 您企业的年产值在:

A. 1000 万元以下　　B. 1000 万—5000 万元　　C. 5000 万—1 亿元　　D. 1 亿—5 亿元　　E. 5 亿元

5. 请依据下列陈述，根据您的实际情况，在合适的选项上打"√"：

项目	10%以下	10%—25%	25%—50%	50%—75%	75%以上
（1）企业每年新进员工来自本地的毕业生的比例大概是：					
（2）企业每年新进员工所从事的岗位与其所学专业对口率是：					

6. 贵单位职工教育经费占工资总额的比例：

A. 1%以下　　B. 1%—2%　　C. 2%—3%　　D. 3%—4%

E. 5%以上

7. 贵单位研发经费占营业收入的比重是：

A. 1%以下　　B. 1%—5%　　C. 5%—10%　　D. 10%—15%　　E. 15%以上

8. 贵单位目前高素质技能人才（包括技术研发人员和高级工）占比：

A. 5%以下　　B. 5%—20%　　C. 20%—35%　　D. 35%—50%　　E. 50%以上

9. 贵单位有专门的员工培训机构吗？

A. 有　　B. 没有

10. 贵单位的培训机构每年培训的员工人次在：

A. 0 人　　B. 500 人以下　　C. 500—1000 人　　D. 1000—5000 人　　E. 5000—10000 人　　F. 10000 人以上

11. 贵单位每年依托职业院校培训的员工人次在：

A. 0 人　　B. 500 人以下　　C. 500—1000 人　　D. 1000—5000 人　　E. 5000—1000 人　　F. 10000 人以上

12. 贵单位每年选派技术人员赴职业院校指导或兼职的人数在：

A. 0 人　　B. 20 人以下　　　C. 20—50 人　　　D. 50—100 人

E. 100—200 人　　　F. 200 人以上

13. 贵单位每年接受职业院校学生实习的人数在：

A. 0 人　　B. 100 人以下　　　C. 100—300 人　　　D. 300—

500 人　　　E. 500—1000 人　　　F. 1000 人以上

14. 贵单位每年向职业院校投入的相关经费在：

A. 0 元　　B. 10 万元以下　　　C. 10 万—100 万元

D. 100 万—500 万元　　　E. 500 万—1000 万元　　　F. 1000 万元以上

15. 贵单位每年接受教师来实践的人数在：

A. 0 人　　B. 20 人以下　　　C. 20—50 人　　　D. 50—100 人

E. 100—200 人　　　F. 200 人以上

16. 贵单位每年为职业院校的学生提供的实习工位为：

A. 0　　B. 100 个以下　　　C. 100—300 个　　　D. 300—500 个

E. 500—1000 个　　　F. 1000 个以上

B. 对职业院校学生的评价：

1. 贵单位更愿意录用的学生类型是：

A. 重点院校本科生　　　B. 一般院校本科生　　　C. 高职学生

D. 中职学生

2. 您单位以下岗位的人才的主要来源是：

岗位	企业自己培养	本科毕业生	高职学生	中职学生
采购员工				
生产线员工				
销售员工				
售后服务员工				
财会人员				
技术研发				

3. 请您对近3年聘用的职业院校的学生进行评价：

（1）能力（即职业技能和素养）：

非常满意　　还算满意　　一般　　不太满意　　非常不满意

（2）表现（即实际工作表现）：

非常满意　　还算满意　　一般　　不太满意　　非常不满意

4. 请就您的经验或看法对以下选项进行评估：（※请注意左右二侧题目均须填答。）

	该项能力素养在您所处行业领域的"重要性"					项目	职业院校毕业生在"初入就业职场时"其能力素养的准备度				
	非有不可	应该具有	有会更好	可有可无	完全不需要		非常足够	还算足够	一般	不太足够	非常不足
知识						（1）一定的本行业知识					
						（2）扎实的本岗位知识					
						（3）经济组织管理知识					
						（4）具有相应的法律意识					
						（5）对时事有所了解					
能力						a. 表达沟通能力					
						b. 实践操作能力					
						c. 技能迁移能力					
						d. 团队工作能力					
						e. 发现与解决问题能力					
						f. 人际交往能力					
						g. 良好的学习能力					
						h. 道德判断能力					
						i. 组织管理能力					
						j. 逻辑分析能力					
						k. 情绪管理能力					
						l. 时间管理能力					
						m. 基础计算机操作能力					

续表

该项能力素养在您所处行业领域的"重要性"					项目	职业院校毕业生在"初入就业职场时"其能力素养的准备度				
非有不可	应该具有	有会更好	可有可无	完全不需要		非常足够	还算足够	一般	不太足够	非常不足
					（1）进取心					
					（2）抗压性					
					（3）自信心					
					（4）责任感					
					（5）对就业职场的基本了解					
					（6）职业认同与职业态度					
					（7）诚信（包含认知及行为）					
					（8）职业伦理与道德					
					（9）工作忠诚度					
					（10）企业文化认同					

（左侧项目栏标注：素养）

C. 校企合作基本情况（目前贵单位与职业院校合作基本情况的问题，请您根据实际情况，在合适的选项上打"√"）

	问题	有	没有	不清楚
1	您所在的地区有职业教育校企合作的制度与政策			
2	您所在的地区有职业教育联席会等机制			
3	行业协会在企业参与职业教育过程中扮演了重要角色			
4	企业与职业学校共建成职教集团			
5	企业与职业学校联合办学			
6	企业与职业学校共建二级学院			
7	企业参与了职业学校教学指导委员会			
8	企业参与了职业学校专业建设委员会			
9	企业参与了职业学校课程建设			
10	企业在职业学校开办了订单班或冠名班			

续表

	问题	有	没有	不清楚
11	企业参与职业学校教材开发			
12	企业参与职业学校人才培养标准的制定			
13	企业参与职业学校技能鉴定和评价			
14	学校与企业有联合科技攻关合作			
15	企业为学校提供了实习岗位			
16	企业为教师提供了实践机会			
17	企业为学校提供了实习实训设备			
18	企业为学校提供了兼职教师			
19	企业在学校建立了生产车间			
20	企业依托职业院校开展员工培训			

D. 利益诉求（您认为贵单位和职业院校合作的主要动机是什么？在您认为合适的选项上打"√"）

	非常赞同	比较赞同	说不清楚	不太赞同	不赞同
1. 与学校建立和加强联系	1	2	3	4	5
2. 物色满意的员工	1	2	3	4	5
3. 促进企业技术人员的知识更新和整合	1	2	3	4	5
4. 借助外界的科研力量开展技术攻关	1	2	3	4	5
5. 给企业带来新的理念和活力	1	2	3	4	5
6. 帮助学生提高职业能力	1	2	3	4	5
7. 给企业带来新的技术	1	2	3	4	5
8. 帮助学生更好地学习理论知识	1	2	3	4	5
9. 向社会展示良好的企业形象	1	2	3	4	5
10. 满足季节性和特殊项目的用工需要	1	2	3	4	5
11. 降低用工成本	1	2	3	4	5
12. 通过提供实习岗位和实训设备，将企业标准培养纳入职业院校人才培养过程	1	2	3	4	5
13. 为正式员工提供在职培训的机会	1	2	3	4	5

E. 困因分析（您认为困扰贵单位与职业院校展开合作的主要原因是什么？请您在您认为合适的选项上打"√"）

	非常赞同	比较赞同	说不清楚	不太赞同	不赞同
1. 缺乏法律政策的约束与保障	1	2	3	4	5
2. 企业缺乏参与职业教育的有效途径	1	2	3	4	5
3. 缺乏行业组织的引导和监督	1	2	3	4	5
4. 企业参与职业教育战略意识有待提升	1	2	3	4	5
5. 缺乏相应的激励措施	1	2	3	4	5
6. 学校培养标准不能很好满足企业用人需要	1	2	3	4	5
7. 企业技术水平较低，对技能人才需求不足	1	2	3	4	5
8. 企校文化差异较大，导致合作难以深入	1	2	3	4	5
9. 企业参与职业教育投入产出效益低于预期	1	2	3	4	5
10. 企业参与职业教育管理费用和成本高	1	2	3	4	5

谢谢您的合作。

参考文献

中文部分

著作类：

[1] 龙德毅、王世斌、潘海生：《中国职业技术教育校企合作年度报告（2012）》，高等教育出版社 2014 年版。

[2] 龙德毅、王世斌、潘海生：《中国职业技术教育校企合作年度报告（2011）》，高等教育出版社 2013 年版。

[3] 西蒙·多伦：《价值观管理——21 世纪企业生存之道》，中国人民大学出版社 2009 年版。

[4] 汪蕾：《民营企业技术进步——方法、途径与策略》，科学出版社 2008 年版。

期刊类：

[1] 孙健、贺文瑾：《社会责任视角下企业参与职业教育校企合作的动力思考》，《教育与职业》2017 年第 18 期。

[2] 徐凤、李进：《企业参与高职院校校企合作的成本补偿机制研究》，《职教论坛》2017 年第 21 期。

[3] 潘海生、林宇、王世斌：《基于有序 PROBIT 模型的企业参与职业教育的动机偏好与差异性分析》，《国家教育行政学院学报》2017 年第 7 期。

[4] 《"企业参与职业教育办学成本收益的实证研究"结题》，《职

业技术教育》2017 年第 38 期。

［5］张弛：《企业参与职业教育办学的长效机制构建——基于利益需求与利益协调的视角》，《中国职业技术教育》2017 年第 12 期。

［6］徐德培、莫伟华：《企业参与职业教育现状调查——以江西五所高职院校为例》，《职教论坛》2017 年第 12 期。

［7］李忠、亓婷婷：《德国企业作为职业教育主体的法律保障及其启示——基于德国〈联邦职业教育法〉的文本分析》，《职教论坛》2017 年第 4 期。

［8］邵腾伟：《现代职业教育中的企业主体责任》，《职教论坛》2017 年第 4 期。

［9］冉云芳：《我国企业参与职业教育办学研究综述》，《教育学术月刊》2017 年第 1 期。

［10］李俊：《企业参与职业教育的关键制度要素研究——基于新制度经济学的分析》，《江苏高教》2017 年第 1 期。

［11］叶莉莉、陆素菊：《生命周期视角下企业参与职业教育的行为模式分析》，《职教论坛》2016 年第 31 期。

［12］潘海生、赵琳琳：《技能偏好型技术进步理论视域下企业参与职业教育的理论分析》，《职业技术教育》2016 年第 37 期。

［13］刘燕鸣、余志科：《基于"三螺旋"理论的企业参与职业教育保障机制构建》，《职业技术教育》2016 年第 37 期。

［14］胡茂波、王运转、朱梦玫：《德国职业教育契合"工业 4.0"发展的策略及启示》，《现代教育管理》2016 年第 10 期。

［15］韩凤芹、于雯杰：《德国"工匠精神"培养及对我国启示——基于职业教育管理模式的视角》，《地方财政研究》2016 年第 9 期。

［16］谭永平：《企业参与职业教育存在的问题及对策》，《教育与

职业》2016 年第 13 期。

[17] 多淑杰：《我国企业参与职业教育的制度困境与突破——兼
　　　论德国现代学徒制发展与启示》，《中国职业技术教育》2016
　　　年第 24 期。

[18] 李俊：《德国职业教育的想象、现实与启示——再论德国职
　　　业教育发展的社会原因》，《外国教育研究》2016 年第 43 期。

[19] 潘海生、高常水：《企业参与职业教育策略变迁机理及政策
　　　启示》，《教育研究》2016 年第 37 期。

[20] 张文玉、刘明兴：《职业教育成本分担的政治经济逻辑分
　　　析》，《职教论坛》2016 年第 22 期。

[21] 陶军明、庞学光：《职业教育治理：从单维管理到多元共
　　　治》，《中国职业技术教育》2016 年第 21 期。

[22] 刘繁荣、马珂：《我国企业参与职业教育现状之研究》，《价
　　　值工程》2016 年第 5 期。

[23] 刘志民、吴冰：《企业参与高职校企合作人才培养影响因素的
　　　研究》，《高等工程教育研究》2016 年第 2 期。

[24] 赵海婷：《企业参与职业教育校企合作的动因、障碍及促进
　　　政策研究》，《职教论坛》2016 年第 9 期。

[25] 李贺伟、王忠诚：《吸引行业企业参与学校职业教育的策略
　　　研究——基于 SWOT 分析》，《职教论坛》2016 年第 4 期。

[26] 谢莉花、周静：《德国双元制职业教育的校企培养内容及其
　　　协调》，《职业技术教育》2016 年第 37 期。

[27] 冉云芳、石伟平：《德国企业参与学徒制培训的成本收益分析
　　　与启示》，《教育研究》2016 年第 5 期。

[28] 李进：《企业在职业教育校企合作中的需求及保障机制探
　　　索》，《职教论坛》2015 年第 36 期。

[29] 刘育锋：《职业教育适应劳动力市场需求制度的国际比较》，

《中国职业技术教育》2015 年第 36 期。

[30] 张立彦、孙善学：《促进企业参与职业教育的财税激励政策分析》，《职业技术教育》2015 年第 36 期。

[31] 张宏亮：《行业企业参与职业教育质量评价研究：指标体系、实施路径及保障机制》，《中国职业技术教育》2015 年第 33 期。

[32] 柳燕、李汉学：《现代学徒制下企业职业教育责任探析》，《职业技术教育》2015 年第 36 期。

[33] 郑琦：《校企合作企业行为分析和治理机制探究》，《职教论坛》2015 年第 30 期。

[34] 武博、韩刘洋：《企业深度参与职业教育的指标体系建构》，《教育与职业》2015 年第 26 期。

[35] 肖凤翔、李亚昕、陈潇：《论现代职业教育治理中企业权利的重构》，《职教论坛》2015 年第 24 期。

[36] 高明：《我国职业教育办学体制改革研究》，《职业技术教育》2015 年第 36 期。

[37] 冉云芳、石伟平：《企业参与职业院校校企合作成本、收益构成及差异性分析——基于浙江和上海 67 家企业的调查》，《高等教育研究》2015 年第 9 期。

[38] 韦进、何杨勇：《荷兰"行业指导企业参与"职教体系的特点分析及启示》，《中国高教研究》2015 年第 6 期。

[39] 徐珍珍、刘晓：《500 强企业参与职业教育的社会责任调查——基于我国 110 家 500 强企业社会责任报告的面上分析》，《职教论坛》2015 年第 13 期。

[40] 赵学瑶、卢双盈：《对建构我国职业教育社会支持体系的理性思考》，《职教论坛》2015 年第 10 期。

[41] 王启龙、石伟平：《政府促进职业教育校企合作：德国的经

验与启示》,《职教论坛》2015 年第 10 期。

[42] 李俊:《我国企业参与职业教育的困境及其突破——基于公共选择理论与劳动经济学的分析》,《教育发展研究》2015 年第 35 期。

[43] 孟迪云、赵芳:《我国高职旅游管理专业现代学徒制人才培养模式》,《教育与职业》2015 年第 2 期。

[44] 欧阳河、吴建新:《以学生成长为目标构建行业企业参与职业教育的长效机制——基于〈职业教育法〉重新修订的视角》,《中国职业技术教育》2014 年第 36 期。

[45] 郭德怀、刘娟娟、王峰:《英国政府增强企业参与职业教育动力策略借鉴研究》,《职教论坛》2014 年第 33 期。

[46] 赵景媛:《企业参与职业教育校企合作的立法保障》,《教育与职业》2014 年第 20 期。

[47] 王旭丽:《校企合作背景下企业参与职业教育立法的问题与路径探析》,《教育与职业》2014 年第 6 期。

[48] 张正玉、姜强:《企业参与职业教育的三维动力模型分析》,《山西财税》2014 年第 9 期。

[49] 王红英、滕跃民、黄静:《企业参与高职教育合作办学的影响因素分析》,《教育发展研究》2014 年第 19 期。

[50] 吴强:《企业视角下校企合作战略联盟伙伴选择影响因素分析》,《企业经济》2014 年第 11 期。

[51] 潘海生、王世斌、龙德毅:《中国高职教育校企合作现状及影响因素分析》,《高等工程教育研究》2013 年第 3 期。

[52] 朱宁、马骥:《风险条件下农户种植制度选择与调整——以北京市蔬菜种植户为例》,《中国农业大学学报》2013 年第 4 期。

[53] 周红缨、赵恒伯:《企业参与职业教育现状及其再认识》,

《企业经济》2012 年第 12 期。

[54] 何兴国:《民营企业参与职业教育的实证调查与分析》,《职业技术教育》2012 年第 31 期。

[55] 程培堽、顾金峰:《校企合作的企业决策模型——基于成本和收益的理论分析》,《高教探索》2012 年第 5 期。

[56] 王红英、胡小红:《企业参与高职教育成本与收益分析——基于中、德、澳的比较》,《教育发展研究》2012 年第 23 期。

[57] 孙泽平、杨慷慨、冯树清:《论企业参与职业教育的激励机制》,《中国成人教育》2012 年第 10 期。

[58] 许志成、闫佳:《技能偏向型技术进步必然加剧工资不平等吗》,《经济评论》2011 年第 3 期。

[59] 刘红:《企业参与职业教育的发展状况与思考》,《中国职业技术教育》2011 年第 29 期。

[60] 杨俊、杨钢桥:《风险状态下不同类型农户农业生产组合优化——基于 Target-MOTAD 模型的分析》,《中国农村观察》2011 年第 1 期。

[61] 李冰:《"技能偏好型"技术进步与就业》,《重庆交通大学学报》(社会科学版) 2009 年第 9 期。

[62] 肖耀球:《技术进步理论的形成与发展》,《企业家天地》2005 年第 8 期。

[63] 肖称萍:《企业参与校企合作的动因分析与激励机制探究》,《职教论坛》2012 年第 34 期。

[64] 霍丽娟、刘新起、李虎斌、贾树生、赵菁:《企业参与校企合作的意愿调查与分析——以河北省企业为例》,《职业技术教育》2009 年第 34 期。

[65] 张俊珍、田东平、崔瑞锋:《企业参与校企合作教育动因的实证研究》,《高等工程教育研究》2008 年第 6 期。

[66] 叶志林、张国红：《动力系统视角下企业参与职业教育促进机制的构建》，《教育与职业》2013 年第 26 期。

[67] 林永春、李慧：《企业参与职业教育的可行性分析》，《中国职业技术教育》2012 年第 6 期。

[68] 何兴国、潘丽云：《民营企业参与职业教育的影响因素及动力机制》，《教育与职业》2014 年第 14 期。

[69] 赵国君：《校企合作的发展现状及其建议》，《中国职业技术教育》2009 年第 26 期。

[70] 查吉德：《广州市企业与职业院校合作意愿的调查研究》，《中国职业技术教育》2006 年第 29 期。

[71] 张俊珍、崔瑞峰：《企业参与校企合作教育影响因素分析及对策研究》，《中国高校科技与产业化》2010 年第 6 期。

[72] 周鸣阳：《经济学视野下高职教育"校企合作"的对策研究》，《中国成人教育》2009 年第 18 期。

[73] 沈云慈：《市场经济视角下校企合作的问题及其化解》，《中国高等教育》2010 年第 15、16 期。

[74] 吴红宇、杨群祥：《影响企业开展校企合作的因素研究——基于 910 份调查问卷的分析》，《职业技术教育》2012 年第 16 期。

[75] 和震：《职业教育校企合作中的问题与促进政策分析》，《中国高教研究》2013 年第 1 期。

[76] 梁卿、刘根润、韦玮：《促进企业参与校企合作的政策取向：反思与重构》，《职教论坛》2014 年第 7 期。

[77] 谭禾丰：《激励理论视角下的企业参与职业教育研究》，《教育与职业》2011 年第 22 期。

[78] 贺修炎：《构建利益相关者共同治理的高职教育校企合作模式》，《教育理论与实践》2008 年第 11 期。

［79］ 马兆瑞、李文强：《完善税收激励机制，促进企业参与职业教育》，《天津师范大学学报》（社会科学版）2011 年第 2 期。

［80］ 林永春、李慧：《激励企业参与职业教育的税收政策研究》，《职教论坛》2011 年第 33 期。

硕博士论文：

［1］ 冉桃桃：《企业参与职业教育的差异化行为的影响因素研究》，博士学位论文，天津大学，2016 年。

［2］ 陈芳芳：《经济学视野下的高等职业教育校企合作运行机制研究》，硕士学位论文，河南师范大学，2012 年。

［3］ 彭旸：《FDI、技术创新能力对内资企业技术进步影响的实证分析》，硕士学位论文，湖南大学，2008 年。

［4］ 冉云芳：《企业参与职业教育办学的成本收益分析》，博士学位论文，华东师范大学，2016 年，第 115—117 页。

［5］ 西爱琴：《农业生产经营风险决策与管理对策研究——以浙江、湖北和陕西农户为例的实证分析》，博士学位论文，浙江大学，2006 年。

外文部分

著作类：

［1］ Wolfgang Bliem, Alexander Petanovitsch, Kurt Schmid. Success factors for the Dual VET System ［M］. ibw-Forschungsbericht Nr. 177, 2014: 12.

［2］ WHITE NC. The Minerals Industry, Universities and Researchers: Different Needs, Mutual Dependence ［M］. 11th SGA Biennial Meeting on Let's Talk Ore Deposits, Univ Catolica del Norte, Antofagasta, CHILE, SEP 26–29, 2011.

［3］ Segarra-Blasco A. , & Arauzo-Carod J. M. Sources of Innovation and Industry-University Interaction: Evidence from Spanish Firms ［M］. Seminar on University-Industry Linkages, Cambridge, ENGLAND, SEP 26 – 27, 2005.

［4］ Franz, W. and Soskice, D. The German Apprenticeship System in (Friedrich Buttler et al. , eds.) Institutional Frameworks and Labor Market Performance. Comparative Viewson the Germanand US. Economies ［M］. London and NewYork: Routledge, 1995, 208 – 234.

期刊类:

［1］ Yu ZENG, Xuefang HU. The Key Issues About the University: Enterprise Cooperation in Professional Education Legislation ［J］. Higher Educationof Social Science, 2015, 8 (1): 92 – 97.

［2］ Yiqiong Li, Peter Sheldon. Collaborations between Foreign-invested Enterprises and China's VET Schools: making the system work amid localised skill shortages ［J］. Journal of Vocational Education & Training, 2014: 311 – 329.

［3］ Jens M. &Uschi B. Apprenticeship Training: for investment or substitution? ［J］ International Journal of Manpower, 2010 (31) 5: 545 – 562.

［4］ Pertuze, J. A & Calder, E. Best Practices for Industry-University Collaboration ［J］. Mit Sloan Management Review, 2010, 51 (4).

［5］ Stephen Billett, Andrew Smith. Enhancing Enterprise Expenditure on VET: policy goals and mechanisms ［J］. Journal of Vocational Education & Training, 2010 (18): 5 – 6.

［6］ Mark S, S. , & Alrchie, B. Carroll Corporate Social Responsibility: A Three-Domain Approach [J] . Business Ethics Quarterly, 2003 (13) .

[7] Tauer, L. M. Target MOTAD [J] . American Journal of Agricultural Economics, 1983, 65 (3): 606 – 610.

[8] Acemoglu, D. Technical Change, Inequality and the Labor Market [J] . Journal of Economic Literature, 2002, 40: 7 – 72.

[9] Winchester, N. and Greenaway, D. Risingwage Inequality and Capital Skill Complementarity [J] . Journal of Policy Modeling, 2007, 29 (1): 41 – 54.

[10] Galor and Moav, Ability Biased Technological Transition, Wage Inequality and Economic Growth [J] . The QuarterlyJournal of Economics, 2000.

[11] Winchester, N. and Greenaway, D. Rising Wage Inequality and Capital Skill Complementarity [J] . Journal of Policy Modeling, 2007, 29 (1): 41 – 54.

[12] Aghion, P. , Howitt, P. Wage Inequality and the New Economy [J] . Oxford Review of Economic Policy, 2002, 18, 306 – 323.

[13] Wolter, S. , S. Mühlemann, and J. Schweri, Why Some Firms Train Apprentices and Many Others Do Not [J]. German Economic Review, 2006 (7): 249 – 264

[14] Becker, G. S. , Investment in Human Capital: a Theoretical Analysis [J] . Journal of Political Economy, 1962, 70 (5), 9 – 49.

[15] Acemoglu, D. , Pischke, J. S. , Why Do Firms Train? Theory and Evidence [J] . The Quarterly Journal of Economics, 1998, 113 (1): 79 – 119.

[16] Katz, E. , & Ziderman, A. Investment in General Training: The

Role of Information and Labour Mobility ［J］. The Economic Journal, 1990, 100: 1147 – 1158.

报告:

［1］ Professor Ian Stone. Encouraging small firms to invest in training: learning from overseas ［R］. UK Commission for Employment and Skills, June 2010/NO. 5.

［2］ Zwick T. Apprenticeship Training in Germany-Investment or Productivity Driven? ［R］. http://ftp. zew. de/pub/zew-docs/dp/dp07 023. pdf, 2007.

［3］ OECD (2005), Promoting Adult Learning, Organisation for Economic Cooperation and Development, Paris.

［4］ Stephen Billett. Enterprises and Vocational Education and Training: Expenditure and Expected Returns ［J］. Journal of Vocational Education & Training, 1998, 50 (3).

电子文献:

Arvanitis, Spyros: Are firm innovativeness and firm age relevant for the supply of vocational traning? A study based on Swiss micro data, KOF working papers//Konjunkturforschungsstelle, Eidgenö-ssische Technische Hochschule Zürich, No. 198, http:// dx. doi. org/ 10. 3929/ethz-a-005582294, 2008.